Der
# Desperate Housewife's
Guide für
## Liebe und Leben

**Bibliografische Information der Deutschen Bibliothek:** Die Deutsche Bibliothek verzeichnet diese Publikation in der Deutschen Nationalbibliografie; detaillierte bibliografische Daten sind im Internet über http://dnb.ddb.de abrufbar.

Erschienen im riva Verlag


Illustratorin: Lucy Truman
Übersetzung: Andrea Schlosser
Textredaktion: Dr. Renate Oettinger
Gesamtbearbeitung: Stephanie Villiger
Gedruckt und gebunden in China
ISBN-10 3-936994-26-9
ISBN-13 978-3-936994-26-1

**riva Verlag**
Frundsbergstraße 23, 80634 München
Tel.: 089 44446790, Fax: 089 652096
info@rivaverlag.de

Für Fragen und Anregungen:
CarolineJones@rivaverlag.de

riva

riva ist ein Imprint der FinanzBuch Verlag GmbH
www.rivaverlag.de

Fordern Sie unser Verlagsprogramm an:
**vp@rivaverlag.de**

**Anmerkung des Verlags:**
Die Informationen und Ansichten, die in diesem Buch wiedergegeben werden haben nur Hinweis-Charakter, und können von allgemeinen Interesse für die Leserinnen und Leser sein. Dieses Buch ist kein Ersatz für professionelle Empfehlungen zur Ernährung, zur Gesundheit, zu Diäten oder körperlicher Fitness. Es ist ratsam, vor Aufnahme jeder Art von Diät oder Fitnessprogramm zunächst seinen Arzt zu befragen.

# Der Desperate Housewife's Guide für Liebe und Leben

Caroline Jones

riva

# Contents

# Einleitung – Die Herausforderungen der 35- bis 45-jährigen Frau

Dieses Buch richtet sich an verzweifelte Ehefrauen und Mütter auf der ganzen Welt. Frauen, die in einer zunehmend stressigen und komplexen Welt täglich versuchen, das Leben und die Familie unter einen Hut zu bringen. Deshalb haben wir dieses vollständige Überlebenshandbuch zum Thema Mutterschaft, Haushalt, Mode, Arbeit, Liebe und Kinder herausgebracht. Du wirst jede Menge Tipps finden, die dir helfen werden, dein Leben einfacher und glücklicher zu gestalten. Ob du nun Vollzeit oder Teilzeit arbeitest oder Hausfrau bist, die Hilfe, die dein Leben glattlaufen lässt, ist greifbar nah. Dieses Buch beinhaltet jede Menge Ratschläge zu dem Dilemma, vor dem heute jede verzweifelte Hausfrau steht, angefangen vom Ehemann, der das Kindermädchen begehrt, oder deinem neuen Boss in der Arbeit, der jünger ist als du, bis hin zu Anti-Aging-Tipps, und wie man als 40-Jährige das Leben mit einem Baby meistert.

Jedes Kapitel zeigt, dass, selbst wenn man seinen Partner, die Kinder und die Arbeit liebt, so erfüllend das auch sein mag, das Leben manchmal zur Qual wird, wenn man sich keinen Spaß gönnt und ab und zu mal einfach gehen lassen kann. Genauso wenig heißt es, dass man nicht glamourös aussehen und sich sexy fühlen will, wenn man bereits 30 oder 40 Jahre alt ist. Lies also weiter, um das Gleichgewicht in deinem Alltagstrott wieder zu finden, etwas Freude hineinzubringen, dein Äußeres wieder aufzupeppen und in nur sechs Kapiteln aus der Verzweiflung in die Explosivität zu gelangen.

# Desperate-Housewifes-Typen

Der Schlüssel zur Selbsterkenntnis ist, die Fallen und schlechten Gewohnheiten zu erkennen, in die du immer wieder hinein getappt bist. Obwohl niemand dem einen oder anderen Typ ganz entspricht, kannst du dich vielleicht mit einem oder zwei der hier aufgezählten Hausfrauen-Typen stärker identifizieren. Unabhängig von deiner Art, ob gelassen-liberal, neurotisch-chaotisch Haare raufend, zickige Miss Perfekt oder die Frau, die alles schafft, die folgenden Seiten werden dir helfen herauszufinden, was in deinem Leben gut läuft, bzw. die Schwachstellen zu identifizieren, die etwas mehr Arbeit erfordern.

### ★ Die gestresste Mutter

**STIL:** Du bist vom Business-Anzug-Style zum Vorjahres-Jeans- und T-Shirt-Modetrend übergegangen.

**KARRIERE:** Du hast die temporeiche Businesswelt für das Durcheinander und den Chaos des Familienlebens aufgegeben und findest das taff.

**SEXUALLEBEN:** Meistens bist du abends viel zu müde.

**VERZWEIFLUNG:** Deine Kinder. Du hast deinen Job aufgegeben, um sie großzuziehen, doch das Muttersein hat ganz von dir Besitz ergriffen.

**LÖSUNG:** Finde (oder bezahle) eine Freundin, die sich einen Nachmittag pro Woche um sie kümmert, und nutze diese Zeit, um ins Kino zu gehen, schwimmen zu gehen usw. Diese Auszeit wird dich zu einer liebevolleren und geduldigeren Mutter machen. Die Nöte deiner Kinder sollten der gemeinsamen Zeit mit deinem Partner nicht vorausgehen. Komm heim, wenn sie schon schlafen, und unterhaltet euch bei einer Flasche Wein.

### ★ Die Männer-Aufreißerin

**STIL:** Egal, wie knapp dein Outfit ist, wir wissen, dass du Agent Provocateur darunter trägst.

**KARRIERE:** Keine Frage – Männer zu verführen war dein wichtigster Zeitvertreib.

**SEXUALLEBEN:** Ja, bitte, und so viel wie möglich. Du flirtest für dein Leben gern und bist von deinen sexuellen Bedürfnissen sehr eingenommen.

**VERZWEIFLUNG:** Deine außer Kontrolle geratene Libido. Es ist sehr wahrscheinlich, dass du deine sexuellen Bedürfnisse mit dem Bedürfnis nach Liebe und Zuwendung verwechselst.

**LÖSUNG:** Nimm dir Zeit, einen möglichen Partner kennen zu lernen, bevor du zwischen den Laken hin und her hüpfst. Das wird deine Chancen, eine langfristigere Beziehung zu finden, steigern.

### Die gelangweilte Vorzeigebraut

**STIL:** Es müssen Designer- oder unverschämt teure Klamotten sein, oder du möchtest nicht einmal tot darin gesehen werden. Sprich: Versace, Valention und D&G.

**KARRIERE:** Essen und Shoppen. Du hast einen reichen Ehemann, der sich um die Finanzen kümmert.

**SEXUALLEBEN:** Gelangweilt davon, deinen workaholischen Ehemann nie zu sehen, denkst du ernsthaft über eine Affäre nach.

**VERZWEIFLUNG:** Deine Einsamkeit. Du bist vielleicht materiell gesehen wohlsituiert, aber im tiefsten Inneren ist dein Leben leer.

**LÖSUNG:** Denke über eine ehrenamtliche Tätigkeit nach. Liste deine Gaben auf und verbinde sie mit deinen liebsten Wohltätigkeiten.

### Die Stepford-Frau

**STIL:** Sprich: makellose Twinsets und Perlen zusammen mit passenden Pumps.

**KARRIERE:** Eine obsessive Hausgöttin, die Angstzustände kriegt, sobald die kleinsten Dinge nicht an Ort und Stelle sind oder wenn nicht jedes Abendessen ein spektakulärer kulinarischer Genuss ist.

**SEXUALLEBEN:** Sex hat schon seine Richtigkeit, aber nur nachdem die ganze Hausarbeit erledigt ist und dabei die frisch bezogene Bettwäsche nicht verschmutzt wird.

**VERZWEIFLUNG:** Dein Perfektionismus. Dein ganzes Leben ist darauf ausgerichtet, die perfekte Ehefrau und Mutter zu sein. Doch weil das Leben nicht perfekt ist, bist du ständig enttäuscht. Du musst bedenken, dass eine blitz-blanke Küche die verborgenen emotionalen Probleme nicht lösen wird.

**LÖSUNG:** Lass dir beim Kochen und bei der Hausarbeit von den Kindern und deinem Partner helfen. Sie werden sich mit einbezogen fühlen und bereit sein, dich mehr zu unterstützen.

### Die verletzliche Geschiedene

**STIL:** Sexy, leicht unordentlich und doch cool.

**KARRIERE:** Alleinstehende Mutter, die Kinder und Job unter einen Hut bringt.

**SEXUALLEBEN:** Du bist ständig auf der Suche nach einem guten Mann, aber empfindest die ganze Dating-Welt beängstigend.

**VERZWEIFLUNG:** Deine Beziehung (oder die fehlende Beziehung). Du sehnst dich nach Leidenschaft, Unterstützung und Zuwendung, aber kannst dir nicht vorstellen, wo sie zu finden ist.

**LÖSUNG:** Warte nicht auf den Traummann, bis das Leben an dir vorbeizieht. Konzentriere dich darauf, dein Leben so zu genießen, wie es ist: die Zeit mit deinen Kindern, unterhaltsame Freundschaften und Mädels, die tollen Abende, die kulturellen und gesellschaftlichen Ereignisse, die du wirklich genießt und erfüllend findest.

# KAPITEL 1

# Liebe und Sex für wahre Frauen

# Poliere dein Liebesleben auf

Wer auch immer gesagt haben sollte, dass, sobald man den Traummann gefunden hat, alles harmonisch ablaufen und auch so bleiben würde, der hat gelogen. Selbst wenn man es tatsächlich schafft zusammenzubleiben, **ist es harte Arbeit, die Liebe aufrechtzuerhalten.**

Vielleicht fühlst du dich, als würdest du allzeit gegen den Strom rudern; oder vielleicht vermisst du das Prickeln in deinem Sexualleben; oder du ertappst dich, wie du einmal zu oft nach dem hinreißenden Typ am Arbeitsplatz lechzst. Tatsache ist, dass der Stress und die Anspannung, Familie, Freunde und Karriere unter einen Hut zu bringen, deine Beziehung mit Leichtigkeit abflachen lassen können.

Nun, der Reihe nach, es ist Zeit, über dein Liebesleben Bilanz zu ziehen. Genauso wie du Krimskrams in deinem Haushalt anhäufst, bringen Beziehungen Lasten mit sich. Genauso wie der Frühjahrsputz unerwünschten Müll ausräumt und deinem Lebensraum die Harmonie zurückgibt, werden regelmäßige Putzgewohnheiten in deiner Beziehung die Liebe erfrischen und das Feuer zwischen dir und deinem Partner neu entfachen.

**Schritt 1**

Es ist Zeit, deine Beziehung gründlich zu entgiften. Die folgenden Punkte werden dir helfen, das durchzuführen:

1 **Buche ein Wochenende,** an dem ihr beide zwei Tage lang alleine und ungestört sein könnt – lass die Kinder bei deinen Eltern, wenn nötig.

2 **Jeder von euch** sollte einen Notizblock dabei haben und bereit sein, den Inhalt mitzuteilen.

3 **Nehmt euch Zeit, folgende Sätze** aufrichtig zu ergänzen:

Ich bin mit dir zusammen, weil . . .
Meine Gefühle wurden verletzt, als . . .
Ich bin zornig, wenn . . .
Ich nehme es dir übel, wenn . . .
Immer . . .
Niemals . . .

Danach zeigt oder teilt dem anderen mit, was ihr geschrieben habt. Ziel ist es, **über jeden noch so geringen Groll und die Verletzungen**, die sich während der gesamten Zeit eures Zusammenseins angestaut haben, zu sprechen – und vergesst es dann.

**Eines der schlimmsten Dinge, die wir alle tun, ist, die Verletzungen der Vergangenheit immer wieder hochzubringen.** Dies ist jedoch eine der destruktivsten Verhaltensweisen überhaupt in einer Beziehung und kann selbst die engsten Paare auseinander treiben.

Angestauter Groll kommt für gewöhnlich dann zustande, wenn man Probleme nicht sofort bewältigt, sobald diese auftauchen. Also, nächstens, wenn ein Problem auftaucht, sorge dafür, richtig verärgert zu sein, streite und tu alles Nötige, um das Problem zu bewältigen. Ziehe dann einen Schlussstrich. **Vergebt (selbstverständlich, wenn es vergebbar ist!) und werft es ins Meer der Vergessenheit.**

## Schritt 2 Der positive Ansatz

Nehmt euch Zeit, die folgenden Sätze zu ergänzen:

Ich vergebe dir von Herzen für . . .
Ich schätze deine . . .
Ich danke dir für . . .
Du erregst mich, wenn . . .
Ich bin stolz auf dich, weil . . .
Ich liebe dich, weil . . .

Danach teilt euch **gegenseitig die Antworten** mit, so wie im Abschnitt davor.

Am Ende solltet ihr das Gefühl haben, euch näher gekommen zu sein, als ob ihr euch des alten Grolls entledigt und euch an all die Gründe erinnert hättet, warum ihr ursprünglich zusammenkamt.

Es mag wohl etwas billig klingen, doch **sobald ihr euch daran gewöhnt habt, über eure Gefühle zu reden**, wird dies zu einer Selbstverständlichkeit werden. Damit zieht ihr einen Schlussstrich unter verborgene Hintergedanken, unterdrückte Gefühle und Groll.

# Schmetterlinge wieder flattern lassen!

Für die meisten Paare ist das Geschehen im Schlafzimmer das Glücks-Barometer ihrer Beziehung.

Wenn ihr Sexualleben prickelnd ist und Spaß macht, wird aller Wahrscheinlichkeit nach alles andere auch gut verlaufen. **Wenn es aber Schwierigkeiten in den Laken gibt,** ist das für gewöhnlich ein Hinweis darauf, dass zwischen euch beiden etwas schief läuft.

Die gute Nachricht ist, dass man mit etwas Sorgfalt und Aufmerksamkeit das liebevolle Gefühl leicht wieder zurückgewinnen kann und die Beziehung in diesem Prozess gestärkt wird. So kannst du mit **den fünf häufigsten Problemen,** die dein Sexualleben hindern, fertig werden.

## 1 ZU MÜDE, ZU GESCHÄFTIG, ZU WAS AUCH IMMER

Stress und Erschöpfung sind die Lustkiller Nummer eins. Wenn du keine Zeit für Sex hast, hast du aller Wahrscheinlichkeit nach auch keine Zeit und Energie für andere Dinge in deinem Leben, an denen du Spaß hast.

***Was ist nun zu tun***

Gönne dir eine vitale Ich-Zeit zum Entspannen und kümmere dich vor allem darum, gut zu essen, gut zu schlafen und dich fit zu halten. Je glücklicher du selbst bist, desto glücklicher wirst du mit jemand anderem sein.

## 2 KINDER RUINIEREN DEIN SEXUALLEBEN

Es ist absolut normal, bis zu sechs Monaten nach der Entbindung keinen Sex haben zu wollen. Doch es kommt die Zeit, in der du dich bewusst anstrengen musst, deine Beziehung wieder zur Priorität werden zu lassen.

***Was ist nun zu tun***

Besorge dir einen Babysitter und gehe alleine aus, damit du einen Teil deiner Aufmerksamkeit vom Kind zurück auf deinen Partner lenken kannst. Eine geeignete Zeit, deinen Sexualkörper wiederzubeleben, ist die Zeit nach der Entwöhnung.

### 3 MANGELNDE FANTASIE

Tatsache ist, dass die meisten Frauen vorwiegend durch die Stimulierung ihres Gehirns erregt werden und nicht über ihren Körper.

***Was ist nun zu tun***

Entdecke, was dich erregt. Lies erotische Bücher, fantasiere, experimentiere und masturbiere. Wenn du bis jetzt noch keinen hattest, könnte dir ein Vibrator helfen, deine wirklich erogenen Zonen zu entdecken.

### 4 DIE INNERE ANSPANNUNG

Überstürze nichts, wenn du wirklich wieder bereit bist, Sex zu haben.

***Was ist nun zu tun***

Massage ist ein guter Ansatzpunkt, da sie nicht bedrohlich ist. Genieße die Intimität, und sollte sie sich zu etwas weitaus Prickelnderem entwickeln, ist das ein Pluspunkt. Habe seltener Sex und lass ihn zu etwas Besonderem werden.

### 5 FESTGEFAHRENE GEWOHNHEITEN

Im Gegensatz zum Hollywood-Mythos werden Beziehungen manchmal langweilig. Dies ist jedoch nicht der Zeitpunkt, auseinander zu gehen, sondern es ist jetzt Zeit, sich besonderes anzustrengen. Wende dafür die gleiche Kraft auf wie damals, als ihr euch kennen gelernt habt.

***Was ist nun zu tun***

Unternimm Tagesausflüge und gehe zum Abendessen aus. Nimm dir Zeit, hinreißend auszusehen und dich auch so zu fühlen. Nehmt euch gemeinsam Zeit für intime Dinge, die nicht immer mit Sex enden.

Geplante romantische Wochenenden außerhalb des Hauses enden oftmals in einem Fiasko wegen der Erwartungen, die man an sich und seinen Partner stellt, wohingegen ein Wochenende, an dem man sich einfach nur vornimmt, Zeit miteinander zu verbringen, oftmals mit einem spontanen Liebesakt endet. Mußestunden füreinander einzuplanen ist lebenswichtig. Also, geht fort, doch legt mehr Wert aufs Gespräch und auf das Zusammensein und nicht auf Sex.

# 5 BLITZ-LÖSUNGEN,
## die deine Beziehung blühen lassen

1 **Gesunde Beziehungen beginnen mit einem gesunden Selbstwertgefühl.** Wenn du dich nicht selber liebst, wird es dir schwer fallen zu glauben, dass dein Partner dich liebt. Baue dein Selbstbewusstsein auf, indem du deinen Partner bittest, deine positiven Eigenschaften aufzulisten. Speichere die Liste nun in deinem Gedächtnis ab.

2 **Tue heute etwas für deinen Partner, das nur den einen Zweck erfüllt,** deinen Partner glücklich zu machen, nicht weil es getan werden muss oder weil es deine Pflicht ist, es zu tun. Liebe ist manchmal einfach Geben, ohne eine Gegenleistung zu erwarten.

3 **Der körperliche Kontakt ist entscheidend, und damit meine ich nicht nur den Sex.** Wenn wir uns berühren, setzen wir Oxytocin frei – eine Chemikalie der Natur, die zwei Menschen verbindet. Je öfter ihr euch berührt, desto näher fühlt ihr euch. Sorge für körperliche Zuneigung in deinem alltäglichen Leben, sei es das Kuscheln auf dem Sofa oder eine Umarmung, bevor du zur Arbeit gehst.

4 **Nimm dir einige Minuten Zeit für eine Reise in die Vergangenheit und erinnere dich** an die drei Hauptgründe, warum du dich in deinen Partner verliebt hast.

5 **Wenn du Kinder hast,** stelle mit deinem Partner zusammen eine Liste mit den Dingen auf, die ihr am meisten an ihnen liebt. Heftet nun das Aufgeschriebene an das Schwarze Brett und lest es immer wieder durch, wenn einer von euch gerade mal wieder mit den Herausforderungen, die Kinder mit sich bringen, zu kämpfen hat.

# Wie man es vermeidet, sich über den Single-Status definieren zu lassen

**Wenn es so toll ist, Single zu sein, warum bin ich dann so einsam?** Heutzutage ist nicht mehr nur die „alte Jungfer" oder Ledige Single, sondern jeder, der keinen festen Partner hat. Als du verheiratet warst oder eine Langzeitbeziehung hattest, hast du jemals neidisch auf deine Single-Freunde geblickt und dir gewünscht, genauso viel Spaß wie sie zu haben?

Wir wissen doch alle, dass **das Gras in Nachbars Garten** immer grüner ist und dass jetzt, da du frei bist, das Single-Leben aller Wahrscheinlichkeit nach nicht so glamourös zu sein scheint. Tatsächlich kann das Leben alleine nach der ersten Trennung total beängstigend sein. Aber fürchte dich nicht, denn hier fängt der Spaß erst richtig an ...

## Das Beste aus dem Single-Dasein machen

Erstens, denke daran, **dass es bei jedem anders ist.**

Verbringe etwas Zeit damit, dir wieder bewusst zu machen, wer du bist. **Mach dir eine Liste mit all den Dingen**, die dich glücklich machen, und achte darauf, wenigstens einen der Punkte täglich zu tun.

**Bleibe in Verbindung mit deinen Freunden**; halte dir alle Informationswege offen, geh aus und unternimm was.

**Überstürze es nicht, einen Neuen kennen zu lernen**, die meisten Menschen können die Verzweiflung schon aus großer Entfernung riechen, und das ist nicht attraktiv.

## Wie man ERFOLGREICH Single sein kann

### 1 SEI KEIN SPRINGMÄUSLEIN

Die meisten Frauen, die wieder ins Single-Dasein zurückkehren, laufen zunächst instinktiv in die entgegengesetzte Richtung, wahrscheinlich geradewegs in eine neue Beziehung, egal was für eine Beziehung, hinein. **Spring nicht sofort in eine neue Beziehung, das funktioniert selten.**

### 2 HÖR AUF, DIR SORGEN ZU MACHEN

Wenn wir noch benommen sind, nachdem jemand mit uns hart und kalt Schluss gemacht hat, sind wir zuerst verängstigt. Wir machen uns Sorgen, ob uns überhaupt jemand wieder attraktiv finden wird, ob wir wieder Sex haben werden und ob wir jemals unsere „wahre Liebe" finden und wieder glücklich sein werden. Die Antwort auf all diese Fragen ist: „Ja"!

**Verschwende deine Zeit nicht mit Sorgen** über das Älterwerden und darüber, als Alleinstehende zu enden. Es wird nicht geschehen.

### 3 GENIESSE DIE FREIHEIT

Du kannst essen, was du willst und wann du willst. Alleinstehende können ihre Zeit mit wem sie wollen verbringen, ohne erst „auschecken" oder um Erlaubnis bitten zu müssen. **Sie können, wann immer sie wollen, ausgehen oder zu Hause bleiben, wenn ihnen nicht danach zumute ist.**

### 4 SEI EGOISTISCH

Wenn du Single bist und keine Kinder hast, kannst du dich ohne Schuldgefühle ganz auf dich selbst konzentrieren und egoistisch sein. **Du kannst dich zu 100% auf das, was du vom Leben erwartest, konzentrieren.** Wo willst du leben? Welche Farbe soll dein Wohnzimmer haben? Welches Auto willst du haben? Wo willst du Urlaub machen?

Du kannst Sprachen lernen, einem Hobby nachgehen oder Sport machen, um neue Leute zu treffen und neue Dinge zu lernen, **ohne jemand anderen zu fragen.**

## 5 STECKE DIR EIN ZIEL

**Es ist jetzt Zeit, etwas auszuprobieren,** was du schon immer tun wolltest (vor allem, wenn es etwas war, mit dem dein Partner nicht einverstanden war).

Oder du kannst diese Zeit nutzen, **sowohl psychisch als auch physisch in Form zu kommen.** Du kannst dir in aller Freiheit einige persönliche Ziele stecken, ohne dir dabei jemandes Zustimmung einholen zu müssen. Als Paar kann man sich diesen Luxus nicht leisten, da es immer jemanden gibt, auf den man Rücksicht nehmen muss.

## 6 ENTDECKE DEINE FREUNDE WIEDER

Du kannst jetzt **Zeit mit den Freunden oder der Familie verbringen**, die du vernachlässigt hast. Noch viel besser, du musst nicht länger Zeit mit seinen Freunden und seiner Familie verbringen, die du eh nicht mochtest!

## 7 FINDE DICH SELBST WIEDER

Wir alle, wenn wir uns als Paar zusammenschließen, vergessen, wer wir wirklich sind. Irgendwann mal verschwindet unsere Identität in dem Zusammenschluss. Es ist unvermeidbar, vor allem, wenn es eine Langzeitbeziehung ist. **Verbringe Zeit damit herauszufinden, was genau dich zum Ticken bringt.**

## 8 SEI ZUFRIEDEN MIT DIR SELBST

Wenn deine Freunde, die als Pärchen zusammen sind, sich bei dir wegen ihrer Beziehung ausweinen, **kannst du dankbar sein, dass du nicht länger diese Art von Problemen ertragen musst – jedenfalls nicht jetzt.**

## GEBOTE und VERBOTE für Singles

**SOLL ICH MIT MEINEM EX IN VERBINDUNG BLEIBEN?**
Es ist das alte Klischee: **„Ich möchte, dass wir Freunde bleiben"**, doch meinen wir das auch wirklich und wird es funktionieren?

**Ja:** Wenn Kinder im Spiel sind, werdet ihr euch selbstverständlich wiedersehen. In einigen Fällen, vor allem nach Langzeitbeziehungen, gibt es so viele Erinnerungen, dass ihr euch sowieso niemals die Türe vor der Nase zuschlagen könntet. **Wenn ihr es genießt, zusammen zu sein,** warum solltet ihr nicht Freunde bleiben? Wenn der einzige Grund für eure Trennung der Verlust der Liebe ist, heißt das nicht, dass die Freundschaft deshalb nachgelassen hat. Sprecht mit anderen darüber, wenn ihr Freunde bleibt, und sprecht zusammen darüber, wenn ihr zu Treffen geht, an denen gemeinsame Freunde teilnehmen.

**Nein:** Oftmals nutzt derjenige, der Schluss gemacht hat, diesen Satz, um den Schicksalsschlag etwas zu dämpfen, da er ganz genau weiß, dass du ihn nicht zum Kaffee einladen wirst. Wenn du diejenige bist, die Schluss gemacht hat, und dein Ex ständig anruft, musst du wirklich ehrlich sein. Wenn du diejenige bist, die fallen gelassen wurde, und er deine Anrufe nicht erwidert, musst du die Botschaft annehmen. **Freundschaft beruht auf Gegenseitigkeit, und wenn sich nur einer von euch darum bemüht, lohnt sie sich nicht.**

Mit deinem Ex in Verbindung zu bleiben kann dich daran hindern, weiterzukommen und dein Leben wieder in den Griff zu kriegen. Vielleicht entscheidet ihr euch für eine kurze Auszeit voneinander, damit ihr euch an das Alleinsein gewöhnen und euer Leben wieder in Ordnung bringen könnt, bevor ihr eine neue Beziehung eingeht. **Vielleicht entscheidet ihr euch ja dafür, die guten Erinnerungen zu behalten, anstatt euch gegenseitig mit den Schwierigkeiten, die der Versuch, Freunde zu bleiben, mit sich bringt, verrückt zu machen.** In diesem Fall ist ein sauberer Abschluss die beste Lösung.

# Den Traummann finden

Anstatt herumzusitzen und zu warten, bis das Schicksal ihn dir in den Schoß legt, nimm die Situation selbst in die Hand. Du wirst vielleicht Kompromisse eingehen müssen, was dir damals, als du noch jünger und flexibler warst, nicht so schwer fiel. Lerne aus deinen Fehlern und sei realistisch. Den perfekten Traummann gibt es nicht, es gibt jedoch viele wunderbare Männer, mit denen du eine Langzeitbeziehung haben kannst.

Erstens musst du bereit und nicht nur willig sein, das heißt du musst dich in deiner Haut wohl fühlen, zuversichtlich und unabhängig sein. Such nicht nach dem Mann, der das fehlende Teilchen in deinem Puzzle ist. **Die Freude kommt von innen.** Eine gute Beziehung sollte nur das Sahnehäubchen auf der Torte sein – **und Selbstbewusstsein macht sexy.**

Zweitens musst du verfügbar sein. Suche nicht einfach nach einem Ersatzmann. Wenn du über deine letzte Beziehung noch nicht hinweg bist, musst du dir zuerst über deine Gefühle klar werden. **Wenn du Männer miteinander vergleichst, wirst du kein klares Bild bekommen.** Jeder ist anders, und sie alle haben ihre persönlichen Stärken und Schwächen.

## FINDE HERAUS, was du willst

Stelle eine Liste auf mit den Eigenschaften, die der für dich passende Mann haben sollte, und eine Liste mit den Schwächen, die du nicht tolerieren kannst. Danach entscheide, bei welchen Stärken oder Schwächen du bereit bist, einen Kompromiss einzugehen oder nicht. Du musst dir darüber im Klaren sein, dass die Attraktivität, die jetzt so wichtig zu sein scheint, mit der Zeit nachlassen wird. **Konzentriere dich lieber auf die Lebensqualität, wie z. B. auf positive Charaktereigenschaften oder den Sinn für Humor.** Deine Liste sollte das beinhalten, was dir an einem Mann wichtig ist und dich glücklich machen wird.

## **BEWERTE** deine Vergangenheit

**Als Nächstes solltest du die Eigenschaften vergangener Liebhaber und Ex-Ehemänner auflisten.** Was hat dich am Anfang zu ihnen hingezogen? Wie viele ihrer Charakterzüge stimmen mit deiner Liste überein? Wenn es wenig Übereinstimmung gibt zwischen dem, was du brauchst, und dem, was du bekommen hast, finde heraus, wo sich die Männer in deinem Leben ähneln. Wenn die für dich wesentlichen Eigenschaften „freundlich", „aufmerksam" und „gutmütig" sind und du dir bis jetzt Männer ausgesucht hast, die nicht so sind, sondern entweder „sexy", „gut aussehend" oder „gut im Bett", musst du diesen Konflikt erkennen und beachten, wenn du das nächste Mal jemanden kennen lernst, der diese Eigenschaften mitbringt.

**Gib dich nicht mit weniger zufrieden als dem, was deinen Erwartungen entspricht, nur um eine Beziehung zu haben.** Wenn du weißt, was du willst, bevor du anfängst, dich nach Liebe umzusehen, wird es dir helfen, die Guten von den Nicht-so-Guten zu unterscheiden und den zu finden, der für eine möglichst dauerhafte Liebe wirklich passt.

### **SEX MIT DEINEM EX**

Ihr könnt eventuell Brücken bauen und wieder Freunde werden, doch sobald ihr euch zu nah kommt, wird die Lust **vielleicht wieder kommen** und damit auch die Liebe. Wie dem auch sei, wenn du das Gefühl hast, dass dein Ex nur deshalb bei dir bleibt, weil er dich zurückhaben will, musst du das Thema zur Sprache bringen und deutlich klar machen, dass das nicht geschehen wird. Wenn du ihn auch zurückhaben willst, überlege es dir genau, bevor du zu ihm zurückgehst. **Denke darüber nach, warum du ihn verlassen hast.**

## Der MANN-PLAN

Jetzt bist du bereit zu suchen. Suche zuerst in deiner nächsten Umgebung. **Gibt es irgendwelche Kollegen oder Geschäftspartner, die du attraktiv findest?** Viele Frauen finden ihre zukünftigen Partner in der Arbeit. Das heißt oftmals, dass ihr einen ähnlichen Hintergrund und bereits eine Freundschaft entwickelt habt. Nachfolgend einige gute Aktivitäten für die **Männersuche ...**

### DAS TEMPO IST ENTSCHEIDEND

Ein Abend, ein Date? Das war letztes Jahr so! Stattdessen kannst du 15 Vier-Minuten-Dates haben und deine Auswahl erweitern. Es gibt jede Menge Speed-Dating-Gesellschaften, die Treffen organisieren, bei denen man trinken, chatten und sehen kann, wen du attraktiv findest. Nimm also eine Freundin als Beistand mit, einen Stift, um Häkchen auf dein Blatt zu machen, und wer weiß, vielleicht findest du einen rohen Diamanten.

### LASS DEINE FINGER SPRECHEN

Melde dich bei einer seriösen Online-Dating-Agentur an, und du wirst sehen, wie es mit nur einem **Mausklick zu einer Flut von Dates kommt.** Es ist was Tolles für diejenigen, die stundenlang arbeiten, die schüchtern sind oder die der Ansicht sind, dass es im hektischen Zeitalter des einundzwanzigsten Jahrhunderts sehr schwierig ist, Menschen zu treffen. Wenn du ein Date mit jemandem hast, sage einer Freundin oder Verwandten Bescheid, wohin ihr geht, wen du triffst und wann du zurück sein wirst.

### DIE SEELENVERWANDTSCHAFT

Melde dich auf einem Abendkurs an, und schon hast du die Garantie, etwas gemeinsam zu haben. Egal ob du dich für Astronomie, Ornithologie oder Stricken interessierst, es sind die kleinen Dinge, die Menschen zusammenbringen.

### DES MENSCHEN BESTER FREUND

**Schaffe dir einen Hund an, und wenn du mit ihm Gassi gehst, gehe auf Talentsuche.** Suche dir strategische Routen aus, die an netten Jungs in Aktion vorbeiführen, wie Fußballplätze, Tennisplätze usw. Halte ebenfalls Ausschau nach sexy Joggern und Fahrradfahrern.

### AB IN DIE KAPELLE ...

Es gibt nichts anderes auf der ganzen Welt, das dir garantiert dieses Gefühl der Wärme und Geborgenheit geben kann wie eine Hochzeit. Sauge also all die Liebe auf, **lauf in die erste Reihe, um den Brautstrauß zu fangen,** und schon könntest du dich neben einem neuen Mann wiederfinden.

# Ehe-Überlebens-Tipps

Die Ehe sollte eine ausgeglichene Partnerschaft sein, in der beide Partner sich entfalten können. Das ist aber oft nicht der Fall oder zumindest nicht immer. Jede Ehe hat ihre Hürden; wenn du aber die Warnsignale erkennst und andererseits die Dynamik, die euch tatsächlich zusammengebracht hat, kann es ein weiter Weg sein, bis sich eure Ehe für immer zum Guten wendet.

## Führt ihr eine KIND-KIND-, ELTERN-KIND- oder BRUDER-SCHWESTER-Beziehung?

Laut Psychologen gibt es drei verschiedene Ehe-Typen. Obwohl diese Kategorien einengend erscheinen, können sie gewisse Dinge darüber offenbaren, wie deine Ehe funktioniert.

Im **Kind-Kind-Modell** spielen beide Parteien Ehe, wobei keiner von ihnen reif genug ist, mit den etwas schwierigen Aspekten der Ehe fertig zu werden. Diese Partnerschaft ist für gewöhnlich lustig, lebendig, aber auch oberflächlich. Wenn sie es schaffen, zusammen erwachsen zu werden, und genügend Geld haben, das Leben zu genießen, kann diese Art Ehe lange überleben.

In der **Eltern-Kind-Beziehung** übernimmt einer der Partner die kontrollierende Rolle der Eltern, und der andere stimmt nur noch zu. Das kann eine Zeit lang gut gehen, vor allem dann, wenn es einen größeren Altersunterschied gibt, aber die Probleme fangen unweigerlich dann an, wenn das Kind erwachsen werden will.

Die **Bruder-Schwester-Beziehung** ist sehr eng und angenehm. Menschen neigen dazu, ähnliche Menschen zu mögen, und das trifft in diesem Fall zu. Sie haben für gewöhnlich einen ähnlichen Hintergrund und ähnliche Wertvorstellungen. Leider kann der erotische Teil, der ohnehin sehr schwach ist, verloren gehen. Da diese Beziehung für beide sehr angenehm ist, kann sie bestehen, wenn sie außereheliche Affären überlebt.

## 12 TIPPS für eine GUTE EHE

1 **Pass auf, was du sagst** – es kann nicht rückgängig gemacht werden. Achte auf Worte wie: „Du hättest ...", „Du machst nicht ...", Niemals ...". Ersetze diese Sätze durch „Ich würde mich freuen, wenn ...".

2 **Kommuniziere, aber kritisiere nicht**. Konfrontiere ihn nicht, sondern gehe die Themen sanft und behutsam an. Mach eine Pause, nachdem du eine Frage gestellt hast, um ihm die Zeit für eine Antwort zu geben, ohne dabei an seiner Stelle zu antworten. Wenn nötig, sag nichts, bis er nicht geantwortet hat, egal wie viele Minuten verstreichen.

3 **Bringe keine alten Sachen hervor.** Erkenne, dass ihr es beide in der Hand habt, ein Gespräch zu einer Diskussion zu machen. Es gibt immer alte Verletzungen unter der Oberfläche – weigere dich, sie in neuen Gesprächen wieder aufzugreifen.

4 **Klärt eure finanziellen Probleme.** Die Finanzen sind der Streitauslöser Nummer eins. Bringt sie also unter Kontrolle. Entscheidet gemeinsam, wie und wann ihr euer Geld ausgeben wollt, und eure Partnerschaft wird wieder im Lot und nicht verbittert sein. Versucht während des Gesprächs über die Finanzen, die persönlichen Belange zurückzustellen. Das Letzte, worüber ihr diskutieren wollt, ist, dass „er" nicht genug verdient oder „sie" zu viel Geld für Schuhe ausgibt.

5 **Akzeptiere den Einfluss deines Partners,** statt das Gefühl zu haben, nachzugeben oder unter dem Pantoffel deines Partners zu stehen und zu tun, was dein Partner will. Akzeptiert, dass ihr ein gleichberechtigtes Paar seid. Studien belegen, dass Frauen darin geübt sind, auf die Bedürfnisse ihrer Männer einzugehen. Du wirst aber nur dann eine erfüllte Partnerschaft haben, wenn er das auch tun kann.

6 **Beende und kitte Streitereien.** Finde einen Weg, die Streitigkeit beizulegen, z.B. mit Humor, Komplimenten oder Zeichen der Wertschätzung. Wenn nichts funktioniert, dann legt zusammen eine Pause ein, um euch zu beruhigen.

7 **Erwarte nicht, dass er deine Gedanken liest.** Nur weil du mit ihm verheiratet bist, heißt das noch lange nicht, dass er wissen muss, wann du was willst. Männer neigen dazu zu denken, sie wird es mir schon sagen, wenn sie es mir sagen will, wohingegen Frauen denken, wenn er mich liebt, wird es tun, ohne dass ich es ihm sage. So entstehen Probleme.

8 **Bleibe positiv.** Die glücklichsten Ehen sind die, in der beide Partner positive Ansichten haben. Also versichere dich, dass die Worte, die ihr euch gegenseitig sagt, das widerspiegeln. Versuche, an all deinen negativen Gedankengängen zu arbeiten.

9 **Toleriere weniger** verletzende Kommentare. Wenn du schon am Anfang einer Beziehung einen hohen Standard im Umgang miteinander erwartest, selbst wenn es um die einfachsten Höflichkeitsfromen geht, wirst du kaum bereit sein, den schlechten Umgang miteinander und schlechte Haltungen zu akzeptieren.

10 **Bleibe im gleichen Team.** Dies ist besonderes wichtig, wenn du Kinder hast, da sie sehen müssen, dass ihr eins seid, wenn es um Probleme geht, die sie betreffen. Gleichzeitig ist es gut für sie, wenn sie euch sehen, wie ihr streitet und das Problem löst. Sie werden das später genauso tun.

**11** **Verhaltet euch wie ein Paar.** Je mehr ihr zusammen tut, desto besser wird eure Beziehung sein. Das heißt nicht, dass du aufhören musst zu klettern, wenn dein Partner das hasst, sondern du musst die Dinge, die ihr getrennt voneinander tut, oder die Zeit, die ihr nicht zusammen in der Arbeit verbringt, im Auge behalten.

**12** **Das Vertrauen ist der Grundstein für eine gute Ehe.** Das darf nicht unterschätzt werden. Wenn das Vertrauen gebrochen ist, fühlen wir uns nicht mehr sicher. Wenn es irgendetwas gibt, worüber du mit deinem Partner nicht sprechen kannst, überprüfe, woran das wirklich liegt. Was sind deine Befürchtungen, und was offenbaren sie dir?

# Minenfelder in der Ehe

**Bedeutet ein Kuss wirklich, untreu zu sein?**

Ist ein Kuss nur ein Kuss? **Auf den ersten Blick, ja,** doch man muss erkennen, was der Kuss wirklich bedeutet.

Wenn er nur flüchtig, ohne Leidenschaft und einfach höflich war, ist das selbstverständlich kein Problem. Wenn es ein Beweis der Zuneigung zwischen Freunden ist, selbst wenn er ein Schmatzkuss unter dem Mistelzweig ist, ist er harmlos. Doch man gerät bis über beide Ohren in Schwierigkeiten, **wenn ein Kuss über die Höflichkeit und Freundschaft hinausgeht.** Wenn du sicher weißt, dass du dich zu der Person, die du küsst, hingezogen fühlst, setzt du ein Signal, wenn du damit fortfährst. Welchen Eindruck vermittelst du damit? **Was sagst du ihm damit?** Und was vermittelst du deinem Partner?

## UNTREUE definieren

Es gibt Paare, die offene Beziehungen haben und damit glücklich sind. Doch hier kommt die Ehrlichkeit ins Spiel. **Offene Beziehungen basieren auf Kenntnis; Seitensprünge basieren auf Lüge und Täuschung.** Die zwei Grundarten der Untreue sind: emotional und körperlich.

**EMOTIONALE UNTREUE** reicht von „Bewusst jemanden anderen hinter dem Rücken deines Mannes zu treffen" bis „Sich in eine Situation hineinbegeben, in der man sich emotional so nahe kommt, dass man sich in ihn verliebt".

Das emotionale Fremdgehen geschieht weniger bewusst als das körperliche Fremdgehen. Dabei lässt man sich jedoch genauso bewusst gehen, bevor man sich in einen anderen verliebt.

Die **körperliche Untreue** heißt im Klartext – **Küssen, Petting, Oralsex oder schließlich der Akt an sich.** Viele Menschen legen schon am Anfang ihrer Beziehung fest, was sie unter Fremdgehen verstehen. Einige verstehen unter Dirty Dancing, mit jemandem fremdzugehen, und andere betrachten das Küssen einer anderen Person nicht als Betrug. **Es ist auch hier wiederum eine Sache des persönlichen Geschmacks.**

## GESTEHEN oder NICHT gestehen?

Männer neigen dazu, eine Beziehung zu beenden, wenn sie Untreue entdecken. In anderen Worten, wenn du deine Beziehung wirklich retten willst und dir zu 100 Prozent sicher bist, dass es nicht wieder geschehen wird, **ist es manchmal besser, nichts zu sagen**.

> Wenn du gestehst, erleichterst du nur dein eigenes Gewissen, und wenn dein Mann kein vergebender Typ ist, **dann kannst du dich für immer von ihm verabschieden**.
>
> In beiden Fällen musst du selbstverständlich **dein Gewissen eingehend prüfen**.

Untreue ist eine schmerzhafte Erfahrung, vor allem für die betrogene Person. Es ist gut, wenn du zuallererst den Grund für deine Untreue herausfindest. Oftmals ist das auf einen Bereich deines Lebens zurückzuführen, mit dem du nicht zufrieden bist, aber nicht weißt, was es ist. Der beste Rat ist, es zunächst nicht zu tun. Wenn es irgendein Problem in deiner Beziehung gibt, sprich mit deinem Partner darüber. Wenn das nicht hilft, dann ist es vielleicht Zeit weiterzugehen.

Wenn du Single bist und einer anderen Beziehung nachgehen willst, **wird es dir eine Menge Enttäuschung und Verletzungen ersparen.**

## Neigst du zu SEITENSPRÜNGEN?

Prüfe anhand der folgenden Fragen, ob du reif für eine Affäre bist. Je mehr Fragen du mit Ja beantwortest, desto höher ist die Wahrscheinlichkeit.

***Hast du den Eindruck, dass:***

- Dein Partner dich nicht so oft knuddelt, wie du es dir wünscht?
- Du mehr Sex haben willst, als du hast?
- Von deinem Partner nicht geschätzt wirst?
- Dein Partner einen noch besseren oder besser bezahlten Job haben müsste?
- Dein Partner mehr auf dich hören müsste?
- Dein Partner leider eine Affäre hatte?
- Dein Partner dir mehr Aufmerksamkeit schenken müsste?
- Du in deiner Beziehung enttäuscht oder desillusioniert wurdest?

## Warum gehst DU fremd? ES GIBT EINEN GRUND

Es gibt vier Hauptgründe warum Menschen Affären haben. Wie geht man damit um?

### SICH UNGELIEBT FÜHLEN

Oftmals sind Frauen untreu, weil sie mehr körperliche Nähe oder mehr emotionale Zuwendung brauchen, als sie von ihrem gegenwärtigen Partner bekommen.

***Wie bringt man das in Ordnung***

Du musst das mit deinem Mann so bald wie möglich durchsprechen. Sei ehrlich, wenn du über deine Nöte und den Grund, warum er sie nicht erfüllen kann, sprichst. Das ist eine gute Gelegenheit, den Keim des Problems zu ersticken und es zu vermeiden, fremdzugehen.

### ZU WENIG SEX

Mehr Sex oder besseren Sex haben zu wollen ist ein weiterer Hauptgrund für Affären.

***Wie bringt man das in Ordnung***

Hast du deinem Partner jemals gesagt, was du im Bett erwartest? Wenn nicht, ist es jetzt Zeit, ehrlich zu sein, egal wie schwer dir das fällt. Wenn Sex zu einem ernsthaften Problem geworden ist, lohnt sich eine Partnerschaftsberatung auf jeden Fall. So könnt ihr die Dinge wieder ins Lot bringen, ohne dabei das Gefühl zu haben, euch woanderes umsehen zu müssen.

### DESILLUSIONIERUNG

Das Gefühl, dein Partner ist nicht das was du dir vorgestellt hast, ist ein weiterer Hauptauslöser. Studien haben ergeben, dass Frauen oftmals Affären mit anderen Männern haben, die erfolgreicher sind und mehr verdienen als ihre derzeitigen Partner. Viele Frauen tun das erst, nachdem ihre Partner bereits untreu waren.

***Wie bringt man das in Ordnung***

Es ist sehr kompliziert, doch es ist wichtig, dich zuallererst an all die Gründe zu erinnern, warum du dich zu deinem Partner hingezogen gefühlt hast. Wenn diese Anziehungskraft wirklich nicht mehr da ist und nicht wieder entfacht werden kann, ist es fairer, die Beziehung zu beenden, anstatt eine Affäre zu starten.

### DIE SEHNSUCHT NACH EINEN AUSWEG

Manchmal suchen wir eine Affäre, die uns aus einer Beziehung heraushilft. Wir brauchen nur einen Katalysator, der uns die Gewissheit gibt, Dinge ein für allemal zu beenden.

***Wie bringt man das in Ordnung***

Offensichtlich ist es, dir und deinem Partner gegenüber, bei weitem fairer, die Beziehung zu beenden, bevor es zu einem Seitensprung kommt, wenn du die Kraft dazu hast. Wenn dich die Angst, allein zu sein, treibt, musst du das persönlich angehen.

## Wie kann man PRÜFEN, ob er FREMDGEHT

***Dein Partner ...***

- Vernachlässigt er dich?
- Spricht er nicht mehr mit dir?
- Verbringt er oft viel Zeit irgendwo unterwegs?
- Redet er sich im Allgemeinen heraus?

**Achte auf Veränderungen, die dir merkwürdig erscheinen.** Ironischerweise kann die Beziehung sich zum Guten wenden, wenn jemand eine Affäre hat. Das spontane Überschütten mit Blumen oder ein verbessertes Sexualleben können Anzeichen für eine Affäre sein. Das ist oftmals so, weil dein Partner dank seines Verhältnisses zu einem neuen Leben erweckt wurde.

## Was kannst du tun, wenn du SICHER bist, dass er eine AFFÄRE hat

Wenn du wirklich glaubst, dass dein Partner eine Affäre hat, **musst du ihn mit den Beweisen konfrontieren.** Es ist zwar möglich, den Verdacht zu ignorieren, doch es ist schwer, eine Beziehung aufrechtzuerhalten. Überlege, welche Folgen es für deine geistige Gesundheit haben kann, wenn du diese Gefühle für dich behältst.

**Gehe das Thema vorsichtig an,** selbst wenn deine Gefühle hoch gehen, denn so wird dein Freund keinen Pieps mehr sagen, wenn er eine Affäre hat. Ansonsten wird er zornig und beleidigt sein.

Wenn sich der Verdacht jedoch bestätigt und er eine Affäre hat, **hast du zwei Möglichkeiten zur Wahl, was als Nächstes zu tun ist**.

## VERLASSEN

Die einfachste Möglichkeit. Anfangs wirst du das Gefühl haben, ihn unter keinen Umständen zurücknehmen zu wollen. Wie ernsthaft jedoch dieser Wunsch, ihn zu verlassen, ist, hängt von der Dauer der Affäre ab, ob es Liebe oder ein One-Night-Stand war und von der Anzahl der Lügen, denen du nachgehen musstest. Wenn du das Gefühl hast, für dumm verkauft zu werden, und er keinen Respekt für deine Gefühle zeigt, ist ihn zu verlassen **vielleicht die einzige vernünftige Lösung.**

Wie dem auch sei, dein Leben wird körperlich, emotional und finanziell total auf den Kopf gestellt, und wenn der Rauch sich legt, **wirst du deine Eile bereuen**. Achte also darauf, dass du es auch wirklich willst.

## BLEIBEN

Nachdem seine Untreue aufgeflogen ist, ist es viel schwerer, dich zu entscheiden, bei deinem Partner zu bleiben. Du weißt, dass es für die nächsten Monate unmöglich ist, Sex zu haben, da du nicht aufhören kannst, ihn dir mit ihr vorzustellen. **Außerdem besteht auch die echte Gefahr, dass dein Ärger und deine Verbitterung über seinen Betrug deine Beziehung in jeden Fall zerstören werden.** Mit der Gewissheit, dass es geschehen ist, umzugehen und zu vergeben, ist sicherlich die größte Herausforderung, mit der deine Beziehung jemals konfrontiert wurde.

# Die Versuchung jugendlicher Liebhaber – Ist das Alter wirklich nur eine Zahl?

Wir haben uns daran gewöhnt, prominente Paare zu sehen, die gegen jegliche Sitten, was den Altersunterschied in modernen Beziehung, betrifft, verstoßen. Es scheint jedoch, als würden sie einen **stetig wachsenden Trend repräsentieren.**

Laut Nationalem Amt für Statistik haben über 50 Prozent aller im Jahre 2003 in England und Wales getrauten Paare den so genannten „normalen" Altersunterschied von fünf Jahren überschritten.

Selbstverständlich gibt es keine offiziellen Statistiken über Paare, die Langzeitbeziehungen außerhalb der Ehe pflegen, wir müssen aber davon ausgehen, dass die Zahl weitaus höher liegt.

Während sich die Rollen von Mann und Frau in der Gesellschaft immer mehr angleichen, entwickelt sich auch unsere Vorstellung von einem perfekten Freund. **Ein gleichaltriges Paar mit 2,4 Kindern dient nicht länger als Vorbild für eine erfolgreiche Beziehung.** Wir haben festgestellt, dass, wenn die Liebe funktionieren soll, die Übereinstimmung der Persönlichkeit wichtiger ist als das Alter.

30-, 40- oder 50-jährige Frauen sind gesünder, fitter und sehen jünger aus als je zuvor. Das bedeutet, dass ein paar Jahre hin oder her, körperlich gesehen, weniger als vor nur einem Jahrzehnt bedeuten. Es geht nicht so sehr darum, ob es einen Altersunterschied gibt oder wie groß dieser Altersunterschied ist, sondern es geht vielmehr um das, was die Beziehung funktionieren lässt.

All dies mag vielleicht die Zunahme **jugendlicher Liebhaber erklären** – ein so häufiges Phänomen verursacht heutzutage kaum noch Stirnrunzeln.

Das Beste an einem jungen Mann ist sein Enthusiasmus für dich und das Leben. Ältere Männer scheinen zynisch, misstrauisch, bis an die Zähne mit den Beziehungslasten eines ganzen Lebens gerüstet und immer auf der Hut zu sein vor wem oder was als Nächstes kommt.

Außerdem kann ein jugendlicher Liebhaber dir den Sinn für Humor wiedergeben.

**Doch wie sieht es mit der Zukunft aus?**

Im Moment mag deine Liebe klasse sein, doch was ist in fünf, zehn oder 20 Jahren? **Die Erwartungen, die wir an das Leben stellen, entwickeln sich mit den Erfahrungen, die wir machen.**

Wird es einem Paar mit so unterschiedlichen Altersstufen gelingen, sich hier durchzuarbeiten, oder werden ihre unterschiedlichen Erwartungen sie auseinander treiben?

# Männer-Typen, die man um jeden Preis vermeiden sollte

Es gibt verschiedene Männer-Typen, von denen du dich als Single fern halten solltest. Langfristig wird es dir viel Zeit und Kummer ersparen. Hier einige der schlimmsten Typen:

## Der BAD BOY (DER BÖSE JUNGE)

**Merkmale:** Charmant und lebenslustig, er kann aber auch grausam sein. Im ersten Augenblick bist du die einzige Frau, die ihn versteht, und im nächsten, stehen seine Freunde und sein Job an erster Stelle. Lass ihn besser in Ruhe, wenn du ihn behalten willst.

**Warum du verführt wirst:** Wenn böse Jungs gut sind, dann sind sie sehr, sehr gut. Sie wissen, wie sie eine Frau mit Liebe und Zuneigung überschütten und ihr das Gefühl der Wertschätzung vermitteln können.

**Warum du dich aus dem Staub machen solltest:** Es wird nicht anhalten. Egal wie sehr du daran glaubst, ihn verändern zu können, du wirst es nicht schaffen. Böse Jungs langweilen sich sehr schnell.

**Warnzeichen:** Er wird dir einen Korb geben, um mit seinen Kumpeln auszugehen.

## DAS MUTTERSÖHNCHEN

**Merkmale:** Süß, aber soft. Er kann vielleicht durch all die Hausmannskost ein Bäuchlein haben. Noch schlimmer, er lebt vielleicht immer noch zu Hause bei Mami und Papi.

**Warum du verführt wirst:** Er wird sich Frauenfilme mit dir angucken.

**Warum du dich aus dem Staub machen solltest:** Er hat sie wahrscheinlich alle schon mit seiner Mami gesehen.

**Warnzeichen:** Er sagt dir, dass seine Mutter dich mögen wird, und versucht, dich ihr bereits nach nur einem Date vorzustellen.

## DIE SPORTSKANONE

**Merkmale:** Er ist sexy, taff, immer für ein spontanes Fußballspiel bereit und trägt Trainingsanzüge und Turnschuhe.

**Warum du verführt wirst:** Diese wahnsinnigen Muskeln ...

**Warum du dich aus dem Staub machen solltest:** Wegen all der Stunden, die er im Fitnesscenter verbringt, um seine Muskeln zu stärken, ganz zu schweigen davon, dass er sich stundenlang im Spiegel anstarrt.

**Warnzeichen:** Er verfolgt regelmäßig Sport im Fernsehen und lässt sich durch deine sexuellen Annäherungsversuche nicht ablenken.

## MR. ULTRA-COOL

**Merkmale:** Gut gekleidet und selbstbewusst. Er kennt den neuesten Modetrend besser als du, was allerdings besorgniserregend ist.

**Warum du verführt wirst:** Andere Frauen werden dich neidisch anstarren, wenn du an seinem Arm läufst.

**Warum du dich aus dem Staub machen solltest:** Sein Kleiderschrank wird deinen armselig erscheinen lassen, und du wirst ständig bemüht sein, mit ihm Schritt zu halten.

## DER CHARMEUR

**Merkmale:** Ob er hinreißend, rau und dennoch herzlich ist, irgendetwas an diesem Kerl bringt dich zum Schwärmen. Er behandelt Frauen wie Gold, weil er sie sehr liebt – er liebt sie alle.

**Warum du verführt wirst:** Er weiß, wie er dir ein Kompliment machen kann, wie er dich umwerben und dich durch und durch erregen kann.

**Warum du dich aus dem Staub machen solltest:** Er kommt bei allen Frauen, die er trifft, immer mit der gleichen Leier.

**Warnzeichen:** Er vergisst deinen Namen, noch während du bei ihm im Bett bist.

## DER WORKAHOLIC

**Merkmale:** Der hoch geachtete Geschäftsmann ist clever, ehrgeizig, perfekt gekleidet und absolut unerreichbar.

**Warum du verführt wirst:** Er ist elegant, charmant und erfolgreich. Was soll man daran nicht lieben?

**Warum du dich aus dem Staub machen solltest:** Beachte den oben genannten Zusatz: „absolut unerreichbar".

**Warnzeichen:** Er muss seinen Terminkalender überprüfen, bevor er einem Date mit dir zusagen kann, selbst wenn ihr euch schon seit sechs Monaten kennt.

## DER STALKER

**Merkmale:** Er ist süß, romantisch, aber nicht arg sexy. Er plant gerne Ausflüge und denkt, dass du das Allerwichtigste bist, das es je in seinem Leben gab.

**Warum du verführt wirst:** Er ist verständnisvoll, und alle meinen, dass er eine Chance braucht. Außerdem wird er alles für dich tun.

**Warum du dich aus dem Staub machen solltest:** Er wird wirklich alles für dich tun, was allerdings sehr beängstigend sein kann.

**Warnzeichen:** Er sagt dir nach dem dritten Date, dass er mehr Zeit mit dir verbringen will.

# Checkliste für das Liebespotenzial

**TREFFE IHN NIE WIEDER, WENN…**

1. **du eine ernsthafte Beziehung willst** und er sagt, dass er sich nie binden will.
2. **er Schulden hat.** Mache es dir einfach und verabrede dich nur mit Männern, die dir finanzielle Sicherheit bieten.
3. **er keinen Job behalten kann.** Du willst doch einen verantwortlichen Mann, auf den du dich im Leben verlassen kannst.
4. **er leicht aufbrausend ist.**
5. **er es nicht lassen kann, anderen Frauen hinterherzusehen.** Du willst doch die Einzige im Leben deines Mannes sein.
6. **er über die Liebe und das Leben allgemein verbittert ist.**
7. **sein Hintergrund, seine Werte und seine religiösen Ansichten mit deinen nicht übereinstimmen.** Anfangs ist es vielleicht aufregend und herausfordernd, doch langfristig wird es nicht funktionieren.
8. **es so aussieht, als würde er einem immer die Schau stehlen wollen.** Anfangs ist das vielleicht noch lustig, aber du willst doch dein Leben nicht im Schatten eines anderen verbringen.

# Ist es Zeit, weiter zu gehen?

Es kann genauso ungesund sein, in einer Lala-Beziehung auf der Stelle zu treten, wie in einer völlig schlechten Beziehung hängen zu bleiben. Finde anhand der folgenden Fragen heraus, wie es um deine Beziehung steht und ob es sich lohnt, sie zu retten.

**1) Wie oft streitest du mit deinem Mann?**

a) Fast jeden Tag.
b) Ziemlich oft.
c) Manchmal.
d) Fast nie.

**2) Welche Aussage beschreibt am besten, wie du die Scherben nach einer Auseinandersetzung kittest und zur Normalität zurückkehrst?**

a) Normalerweise fangen wir an zu lachen und vergessen, was war.
b) Wir sprechen darüber und packen aus, aber danach machen wir sehr schnell wieder so weiter.
c) Wir gehen oftmals nach dem Streit ins Bett, aber am Morgen bittet für gewöhnlich einer von uns um Entschuldigung, und dann ist wieder alles okay.
d) Es kann Tage dauern, bis wir wieder miteinander sprechen.

**3) Was ist deiner Ansicht nach der Grund für die meisten Auseinandersetzungen in deiner Beziehung?**

a) Sex.
b) Wir verbringen nicht genügend Zeit miteinander.
c) Geld.
d) Unterschiedliche Lebensauffassungen.

**4) Welche der folgenden Bereiche sorgen für den meisten Stress in deinem Leben?**

a) Die Beziehung mit deinem Partner.
b) Die Arbeit.
c) Ich neige nicht zu Stress.
d) Der Versuch, alles unter einen Hut zu bringen.

**5) Vermittelt dein Partner dir das Gefühl des Selbstbewusstseins und der emotionalen Sicherheit?**

a) Immer.
b) Für gewöhnlich.
c) Selten.
d) Nie.

**6) Vertraust du der Treue deines Partners?**

a) Ja, er würde niemals fremdgehen.
b) Wir sind alle nur Menschen, doch ich glaube nicht, dass er fremdgehen würde.
c) Nicht, wenn es zwischen uns schlecht läuft.
d) Nein, ich bin der festen Überzeugung, dass er einige Affären hat oder zumindest ernsthaft darüber nachdenkt.

**7) Welche ist deine erste Reaktion, wenn du darüber nachdenkst, dich von deinem Freund zu trennen?**

a) Es gibt Zeiten, in denen ich über eine Trennung nachdenke, aber letzendlich bleibe ich doch.
b) Ich wäre am Boden zerstört, aber ich müsste mich zusammenraufen und weitergehen.
c) Ich würde mich in vielerlei Hinsicht erleichtert fühlen.
d) Ich kann mir das Leben ohne ihn nicht vorstellen.

**8) Wie würdest du euer Sexualleben beschreiben?**

a) Meistens ganz gut.
b) Zurzeit ziemlich langweilig.
c) Fantastisch.
d) Nicht vorhanden.

**9) Fühlst du dich nach einem langen und stressigen Arbeitstag besser, wenn du deinen Partner siehst und mit ihm sprichst?**

a) Manchmal, doch für gewöhnlich ist es hilfreicher, mit einer guten Freundin zu sprechen.
b) Ich bin vielleicht anfangs grantig, aber er macht dann immer etwas Nettes, und danach geht's mir besser.
c) Immer, der Gedanke an ihn trägt mich durch den Tag.
d) Nein, für gewöhnlich fangen wir an zu streiten, und ich fühle mich danach nur noch schlechter.

**10) Wie glücklich ist, deiner Ansicht nach, eure Beziehung?**

a) Sehr.
b) Meistens ganz gut.
c) Zurzeit nicht so glücklich.
d) Zu 50% der Zeit ist sie glücklich.

## SO FINDEST DU HERAUS, WIE GESUND DEINE BEZIEHUNG IST:

Ordne deine Antworten den entsprechenden Formen zu und zähle sie. Wenn du von zwei Formen die gleiche Anzahl hast, bist du wahrscheinlich ein Mischtyp. Lies also alle Zusammenfassungen, die auf dich zutreffen.

| | | | | |
|---|---|---|---|---|
| **1** | a) ▲ | b) ● | c) ■ | d) ★ |
| **2** | a) ★ | b) ● | c) ■ | d) ▲ |
| **3** | a) ■ | b) ★ | c) ● | d) ▲ |
| **4** | a) ▲ | b) ■ | c) ★ | d) ● |
| **5** | a) ★ | b) ● | c) ■ | d) ▲ |
| **6** | a) ★ | b) ● | c) ■ | d) ▲ |
| **7** | a) ■ | b) ● | c) ▲ | d) ★ |
| **8** | a) ● | b) ■ | c) ★ | d) ▲ |
| **9** | a) ■ | b) ● | c) ★ | d) ▲ |
| **10** | a) ★ | b) ● | c) ▲ | d) ■ |

## DIE DIAGNOSE:

★ ***Überwiegend Sterne***

### GESÜNDER ALS ES GUT FÜR DICH IST?

Paare, die niemals streiten oder ihre unterschiedlichen Ansichten zum Ausdruck bringen, steuern möglicherweise auf einen Beziehungs-Crash zu. Viele Menschen meinen, dass die geringe Anzahl an Streitigkeiten auf eine „perfekte Beziehung" hinweist, doch das ist nicht unbedingt der Fall. Meinungsverschiedenheiten beizulegen ist ein Schlüssel für die Weiterentwicklung einer Beziehung. Wenn du feststellst, dass du deinem Partner immer zustimmst und dich seinen Vorstellungen über ein friedvolles Leben fügst, läufst du Gefahr, Frust und Groll in deinem Leben aufzustauen, was für deine Beziehung schlecht ist.

WAS DU TUN KANNST:
Fürchte nicht, etwas mehr du selbst zu sein. Geliebt zu sein ist fantastisch, aber es macht dich auch sehr egozentrisch. Die Schwierigkeiten tauchen dann auf, wenn du etwas veränderst, das dich in deinen Beziehungen zu anderen überfordert, wenn du dich zu sehr anstrengst oder deine Gesundheit opferst. Geh auf Nummer Sicher, dass die Veränderungen, die du oder dein Partner vornimmst, positive Veränderungen sind, von denen ihr beide profitiert.

### ● *Überwiegend Kreise*

**EIN SAUBERES GESUNDHEITSATTEST**

Ein beneidenswerter Zustand: Wie eine US-amerikanische Umfrage ergab, sehen und fühlen sich Paare, die mindestens dreimal die Woche Sex haben, zehn Jahre jünger. Eine stabile Beziehung zu haben heißt auch, einen sicheren Zufluchtsort zu haben, an den man sich flüchten kann, egal welche Probleme von draußen auf dich zuströmen. Diese gegenseitige Unterstützung wird sowohl dein Vertrauen als auch dein Wohlbefinden steigern.

WAS DU TUN KANNST:
Mach weiter damit. Dennoch eine kleine Warnung: Wenn ihr noch nicht sehr lange zusammen seid, machst du vielleicht immer noch die Erfahrung der ersten Liebe. Wenn man verliebt ist, setzt das Hirn so genannte Phenylethylamine, also Gute-Laune-Substanzen, frei, die alles rosig erscheinen lassen. Dennoch kann der Körper nur zwei Jahre lang PEAs kontinuierlich produzieren. Danach pendelt sich die Normalität wieder ein, und du wirst feststellen, dass du vielleicht etwas härter arbeiten musst, um das Prickeln aufrechtzuerhalten.

Versuche, Überraschungs-Dinner zu organisieren, oder sendet euch gegenseitig sexy SMS zu. Tut alles, was euch hindert, euch gegenseitig als selbstverständlich zu betrachten, und was eurem Partner zeigt, dass er es wert ist, sich für ihn anzustrengen.

### *Überwiegend Quadrate*

**SIEHT NICHT SO GUT AUS**

Eine unlängst durchgeführte Studie der Brigham-Young-Universität in den USA hat ergeben, dass Lala-Beziehungen schlimmer als eine schlechte Beziehung sind. Diese ständige Ungewissheit, ob man die Beziehung beenden soll oder nicht, kann zu Angstgefühlen und Unsicherheit führen und sogar den Blutdruck ansteigen lassen. Außerdem kann es Schuldgefühle verursachen, wenn du nicht punktgenau sagen kannst, warum du unglücklich bist. Das ist oftmals der Zeitpunkt, an dem man Affären hat oder darüber nachdenkt.

WAS DU TUN KANNST:
Richte deinen Blick weg von der trost- und hoffnungslosen Lage. Ergreife diese Gelegenheit, um dein Gewissen zu prüfen und wieder zu entdecken, warum ihr ursprünglich zusammenkamt. Versuche die Gefühle der Intimität wieder aufleben zu lassen. Mal ganz abgesehen von der sexuellen Annäherung, kann es Wunder wirken, wieder auf Tuchfühlung zu gehen.

Wenn ihr beide beruflich sehr engagiert seid, ist es wichtig, euch füreinander Zeit zu nehmen und euch nicht in einen „Ich bin mehr gestresst als du"-Wettkampf hineinzusteigern. Es ist oft so, dass wir versuchen, etwas zu Hause zu umgehen, wenn wir länger arbeiten und uns noch mehr Verpflichtungen aufhalsen. Also denkt sorgfältig darüber nach, ob dies der Fall ist, geht das Problem an und findet heraus, wie ihr eure Zeit besser einteilen könnt.

### ▲ *Überwiegend Dreiecke*

## RUFE DAS CRASH-TEAM …

In einer Beziehung ständig zu streiten und sich elend zu fühlen kann sich auf euch beide erheblich negativ auswirken. Selbst im einundzwanzigsten Jahrhundert übernehmen Frauen immer noch die Rolle der Betreuerin in einer Beziehung. Das kann heißen, dass eine anspruchsvolle Karriere zusammen mit all den Hausarbeiten und der Kinderpflege unter einen Hut zu bringen, zu Stress, Schlaflosigkeit und Depressionen führen kann. Probleme können auch dann auftauchen, wenn einer der Partner plötzlich erfolgreicher wird und das Kräfteverhältnis, das am Anfang eurer Beziehung bestand, ins Schwanken gerät.

WAS DU TUN KANNST:
Jetzt heißt es zu entscheiden, ob es sich lohnt, die Beziehung zu retten, oder nicht. Wenn du viel in die Beziehung investiert hast und Kinder im Spiel sind, überprüft, bevor sie beendet ist, ob ihr eure Beziehung nicht so verbessern könnt, dass ihr beide gut damit leben könnt. Das kann heißen, dass ihr professionelle Hilfe in Anspruch nehmen müsst.

Selbst wenn es keinen triftigen Grund gibt zusammenzubleiben, ist es gut zu verstehen, warum die Beziehung nicht funktioniert hat. Das wird dir helfen, beim nächsten Mal nicht wieder die gleichen Fehler zu machen.

# Probleme im Paradies: Kannst du die Krise überstehen?

Wenn du merkst, dass ihr nicht wie gewohnt miteinander auskommt, kannst du bestimmte Schritte tun, um die Situation zu ändern. Als Erstes musst du erkennen, dass du ein Problem hast.

Versuche herauszufinden, ob es ein lang- oder kurzfristiges Problem ist. Reibereien und Verbitterungen aus einer früheren Streitigkeit können sich über mehrere Tage hinziehen. Andrerseits, wenn die Schlucht zwischen euch tiefer geworden ist und sich das auf eure gemeinsamen gesellschaftlichen Verpflichtungen und Aktivitäten auswirkt, ist es vielleicht Zeit für ein offenes Gespräch.

## Die PROBLEMPUNKTE in Angriff nehmen

Alle Ehen machen gelegentlich Krisen durch. Die nachfolgenden Tipps können dir helfen, deine Beziehung vor einer Katastrophe zu bewahren oder Schlimmeres zu verhindern. Sie helfen dir zu erkennen, wann das Problem so groß ist, dass du Hilfe von außen holen musst, um die Zukunft deiner Familie zu sichern.

### WENN ER SICH AUSSPRICHT

Lass ihm Zeit zu schmollen und ohne jeden Groll zu dir zurückzukehren oder das, was ihm durch den Kopf geht, auszusprechen. Wenn er Schluss machen will, hilft es selten, ihn mit Bitten und Flehen zum Bleiben zu bewegen. Bewahre deine Würde. Du kannst ihn nicht kontrollieren, du kannst nur dich selber kontrollieren. Zwei Menschen müssen sich eins sein, wenn die Beziehung funktionieren soll.

### VERMEIDE DAS SCHULDZUWEISUNGSSPIEL

Betrachte beide Seiten des Problems und versuche, dich in seine Lage zu versetzen. Ihr seid beide für die Ehe verantwortlich und macht beide Fehler. Du wirst vielleicht feststellen, dass du zu sehr mit den Kindern oder deiner Karriere beschäftigt warst und ihm nicht die nötige Aufmerksamkeit geschenkt hast oder dass du ihn nicht in Entscheidungen mit einbezogen hast. Deshalb fühlt er sich zurückgesetzt und nutzlos.

### PASS AUF, WEM DU DICH ANVERTRAUST

Du musst mit ihm sprechen, nicht mit seiner Mutter oder seiner Schwester. Wenn du zu viele Informationen an Freunde oder die Familie weitergibst, kann der Schuss nach hinten losgehen und die Spannung weiter ansteigen lassen.

### SPRICH NICHT SO VIEL, SONDERN HANDLE

Kleine Nettigkeiten können ihm in schwierigen Zeiten mehr als tausend Worte das Gefühl geben, wichtig und geliebt zu sein.

### ACHTE AUF DAS, WAS EUCH NÄHER ZUEINANDER BRINGT

Deine Ehe wiederzugewinnen ist eine sehr komplexe und schwierige Aufgabe, deshalb stecke dir Ziele für das, was du verbessern willst. Egal welche Strategie du einsetzt, um deine Ehe zu retten oder um diese schwierige Zeit durchzustehen, musst du sicherstellen, dass jeder Annäherungsversuch euch auch wirklich näher bringt. Jede Taktik, die sich negativ auswirken könnte, sollte um jeden Preis vermieden werden.

# Wenn die Trennung die einzige Lösung ist

Sich von seinem Langzeitpartner zu trennen oder sich von seinem Ehemann scheiden zu lassen ist eine große Entscheidung. Du musst verstehen, **dass du kein schlechter Mensch bist, nur weil es nicht so gut gelaufen ist.**

Sobald die Scheidung in die Wege geleitet wird, fühlen sich Menschen oftmals wie erlöst. Das wird gewöhnlicherweise durch die Angst vor den Dingen, die bis dahin noch zu erledigen sind, verdrängt. Erst dann kommt das Leben wieder ins Lot. **Und so wird man damit fertig:**

***Du darfst:***

- Trauer zulassen.
- dir einen guten Anwalt holen.
- Sorge für deine körperliche und deine emotionale Gesundheit. Lass dir, wenn du dich dabei besser fühlst, von einem Seelsorger helfen.
- Sprich mit Freunden darüber.
- Komme ins Reine mit dir und kümmere dich um die praktischen Angelegenheiten wie z. B. deine Finanzen.
- Geh das Ganze langsam an und vertraue darauf, dass sich die Dinge zum Guten wenden werden.

***Das solltest du nicht tun:***

- Erwarte nicht zu viel von dir selbst.
- Lass dich nicht auf kleine Besitzstreitigkeiten ein.
- Suche nicht schnell Beziehungen, damit es dir gefühlsmäßig besser geht.
- Halte nicht an Gefühlen der Bitterkeit fest, da diese dich hindern werden weiterzugehen.

# Der Masterplan zum Weitergehen

## ERSTE STUFE

1 ***Treffe ihn nie wieder***
Wenn er zu dir nach Hause kommen soll, sorge dafür, dass jemand anderes dabei ist. Verbiete ihm, gelegentlich vorbeizuschauen, und sage ihm, dass er sich seine Sachen so bald wie möglich abholen soll.

2 ***Nimm keinen Kontakt zu ihm auf***
Keine „Wie geht's so?"-E-Mails oder „Ich habe dein T-Shirt gefunden"-Telefonate. Lass die Ausreden, um ihn zu kontaktieren. Du wirst sonst darin stecken bleiben und weiter hoffen. Wenn er dich kontaktiert, bitte ihn, damit aufzuhören. Selbstverständlich wird das nicht möglich sein, wenn ihr Kinder habt, doch begrenze deine Gespräche auf die nötigsten organisatorischen Dinge und Informationen über die Kinder.

3 ***Sprich weniger über ihn***
Anfangs scheint es beruhigend zu sein, alle Einzelheiten mit deinen Freunden durchzusprechen, doch nach einigen Wochen solltest du damit aufhören. Die Freunde langweilen sich, und du kommst nicht weiter. Sei also sehr vorsichtig, was du sagst und wem du was sagst, und fang an, über andere Dinge zu sprechen.

4 ***Hör auf, dich selber zu strafen***
Du warst nicht perfekt. Er ja auch nicht. Ihr habt beide euer Bestes gegeben, damit es funktioniert, doch es lief nicht. Buche es als Erfahrung und höre auf, ihn oder dich selber anzuklagen. Einen anderen anzuklagen verletzt dich nur und hindert dich daran, dich davon zu erholen.

5 ***Sag dir selber, dass du darüber hinweg bist***
Stelle dir einen Tag in einigen Wochen vor, an dem du aufwachst und weißt, dass du darüber hinweg bist, anstatt dich schlecht zu fühlen. Die Sonne wird wieder scheinen, hinreißende Männer werden an allen Straßenecken stehen, und du hast wieder Lust, auszugehen und ein neues Leben zu beginnen.

Warum noch warten? Lass diesen Tag schnell kommen. Freue dich zu wissen, dass du es getan hast, dass du überlebt hast und dass das Leben wieder gut ist. Halte dieses Gefühl fest.

## ZWEITE STUFE

1 ***Du bist hinreißend***

Das Schlimmste am Schlussmachen ist, dass dein Selbstbewusstsein angekratzt wird und du es Schritt für Schritt wieder aufbauen musst. Sich attraktiv zu fühlen ist lebenswichtig, und das kann jeder tun. Sage dir selbst, dass du sexy, charismatisch, aufgeweckt und begehrenswert bist. Höre auf Freunde, die das auch von dir denken. Verwöhne dich, selbst wenn es dir nicht danach ist und du nicht glaubst, dass es was bringt. Noch bevor du das erkennst, wirst du dich wieder wie ein frischgebackenes Betthäschen fühlen.

2 ***Flirten will gekonnt sein***

Es ist jetzt wichtig, viele Menschen zu treffen, Männer wie Frauen, und zu sprechen, lächeln, flirten, sich einzubringen und mit ihnen zu lachen. Das Zusammenleben als Paar kann manchmal ein Hindernis für neue Kontakte sein. Es ist jetzt Zeit, wirklich gesellig zu sein.

Du weißt nicht, wie man Leute kennen lernen kann? Das ist nur eine Ausrede, hinter der du dich versteckst. Wenn du wirklich Menschen treffen willst, wirst du es tun. Stelle jetzt eine Liste mit allen Möglichkeiten auf, wie du das tun könntest. Melde dich für einen Abendkurs wie zum Beispiel Italienisch an, den du schon immer machen wolltest. Probiere etwas aus, was körperlich anstrengend ist, wie z. B. Klettern, oder organisiere ein Treffen mit alten Freunden.

3 ***Überstürze keine Verabredungen***

Auch wenn die Versuchung noch so groß ist, versuche nicht zu schnell eine neue Beziehung anzufangen. Es scheint immer so zu sein, dass das, was du schnell anfängst, schnell endet. Also geh es langsam an. Wenn du jemanden attraktiv findest, ist das großartig, doch halte dich eine Zeit lang zurück und denke daran, dass dieses neue Du die Kontrolle behält und sich nicht beeilen muss.

# Zurück ins Leben

## 10 Möglichkeiten, um eine Dating-Katastrophe zu VERHINDERN.

Es gibt ein (Liebes-) Leben nach der Scheidung. So schafft man den sanften Übergang von der deprimierten Geschiedenen zu einer spaßigen und koketten Flirterin.

1 **Warte, bis die Scheidung durch ist!**
Romantische Verabredungen in der letzten Trennungsphase zu haben kann sich katastrophal auf die Scheidung und auf deine Gefühle auswirken. Es wird dir nicht nur einige Erklärungen vor Gericht ersparen, sondern auch den Prozess beschleunigen und dich schneller freisetzen.

2 **Verbanne ihn aus deinem Leben.**
Da du jetzt offiziell geschieden und Single bist und bereit bist für neue Verabredungen, must du einen sauberen Schlussstrich ziehen. Wenn du immer noch täglich mit deinem Ex sprichst, dann höre damit auf. Wenn immer noch einige seiner Sachen bei dir sind, schick sie ihm zurück. Es ist nicht möglich, gleichzeitig loszulassen und festzuhalten.

3 **Lass dein Schlafzimmer zu einem Boudoir werden.**
Das heißt, alles rausschmeißen, all die kleinen Andenken und die Geschenke, die er dir gemacht hat, und alle alten Fotos – nur das Nötigste behalten. Kaufe neue, luxuriöse und sexy Bettwäsche und streiche die Wände neu an.

4 **Lass dich nicht durch Bitterkeit von netten Männern abbringen.**
Widerstehe der Versuchung, jemanden zu finden, der genau das Gegenteil von deinem Ex ist. Erinnere dich daran, dass viele Dinge an ihm verlockend und attraktiv waren, als ihr euch zum ersten Mal gesehen habt.

5 **Stelle eine Liebes- und Lustliste auf.**
Schreibe auf, was du von deinem Partner genau erwartest. Es wird dir helfen, schwarz auf weiß, zu sehen, was du willst. Einige Dinge werden dich vielleicht überraschen.

6 **Amüsiere dich.**
Wenn ihr über einen längeren Zeitraum verheiratet wart, kann es verlockend sein, sich direkt in etwas Ernsthaftes hineinzustürzen. Doch bevor du das tust, frage dich selbst, ob es nicht einfach deshalb ist, weil du dich wieder sicher fühlen willst. Sich mit vielen verschiedenen Männer-Typen zu verabreden kann dir helfen herauszufinden, welche Wahlmöglichkeiten du hast, und es zeigt dir, dass du ÜBERHAUPT eine Wahlmöglichkeit hast.

7 **Fürchte dich nicht.**
Sei vorsichtig und lass dich nicht auf verfrühte „Pärchen"-Verhaltensweisen ein oder auf übertriebene Telefonate bereits nach zwei Dates, nur weil du nichts Besseres kennst. Du willst doch das Gute nicht ruinieren, indem du ihn überwältigst, noch bevor ihr euch gegenseitig kennen lernt.

8 **Experimentiere.**
Gehe das ganze Dating-Szenario vorurteilsfrei an. Lass dich durch die Suche nach deinem Traummann nicht blenden. Herrn Gerade-Jetzt kennen zu lernen kann genauso gut sein!

9 **Sei ehrlich zu dir selbst.**
Beim zweiten oder dritten Mal wirst du wissen, ob du Interesse an dem Typ hasat. Wenn du dich fürchtest, ihn wiederzusehen, sei mutig genug, nein zu sagen.

10 **Flirte, was das Zeug hält.**
Es macht Spaß, es ist sexy, spielerisch und noch dazu die älteste Form menschlicher Kontakte und Verbindungen. Es geht dabei darum, einen anderen zu bezaubern und sich selber bezaubern zu lassen. Darüber hinaus muss es nichts Ernsthaftes sein, es sei denn, du willst, dass es...

# Wie spielt man das Dating-Spiel?

Wenn du dich jetzt wieder verabredest, **nachdem du einige Jahre aus dem Spiel warst, kann das ziemlich beängstigend sein.** Es scheint eine ganz andere Welt mit eigenen unausgesprochen Regeln und Gesetzmäßigkeiten zu sein, die gebrochen werden können, ohne dass du es merkst.

Es ist wichtig zu beachten, dass es einerseits immer Männer geben wird, die ihr Glück versuchen werden, andererseits treffen sich bei Verabredungen immer **zwei Menschen, um zu sehen, ob sie zusammenpassen,** um dann, wenn beide es wollen, eine Beziehung einzugehen.

Hier gibt es einige **wichtige Dating-Umgangsformen**,
die dazu beitragen, dass alles einwandfrei abläuft.

- **Dates sollten immer Spaß machen,** und es liegt genauso in deiner wie auch in seiner Verantwortung, dafür zu sorgen, dass es auch so ist. Wenn du dich verabredest, versichere dich, alles getan zu haben, um das Treffen angenehm zu gestalten.
- **Der Blickkontakt ist bei Verabredungen äußerst wichtig**. Sorge also dafür, deinem Date so viel Aufmerksamkeit wie nur möglich zu schenken. Er muss sich fühlen, als wäre er die einzige Person im Raum.
- **Du solltest zur Verabredung immer erscheinen**, es sei denn, du hast rechtzeitig abgesagt. Jemandem einen Korb zu geben ist kein akzeptables Verhalten für Erwachsene.
- **Bei Verabredungen Unmengen von Alkohol zu trinken** ist keine gute Idee, niemals. Ein oder zwei Drinks, um das Gespräch in Gang zu bringen, ist in Ordnung.
- **Versuche nicht, allzu rechthaberisch zu sein,** und vermeide Gespräche über Politik und Religion in der Anfangsphase.
- **Sei eine gute Zuhörerin** und rede dein Date nicht zu Tode.
- **Sprich beim ersten Date niemals über deine Ex-Freunde** oder die Anzahl der Männer, mit denen du geschlafen hast.

**Sich wieder verabreden**
Obwohl es dir vielleicht klar ist, dass du zu tief ausgeschnittene Tops und kurze Röcke, sowie zuviel Alkohol und die Fotos deiner Kinder und ehemaligen Freunde zu zeigen, meiden musst, gibt es andere viel subtilere No-Nos, die dir helfen werden bei Verabredungen nicht zu versagen. Ein leichter, offenherziger und positiver Annäherungsversuch ist immer ein guter Anfang.

# Wie du deine schlechten Dating-Gewohnheiten los wirst

Tappst du immer wieder in die gleiche Falle, was Männer betrifft? Wenn du zu sehr du selbst bist, **kann das den richtigen Mann abschrecken, oder du gelangst an den falschen.** Wenn das so ist, ist es Zeit, deine schlechten Dating-Gewohnheiten ein für alle Mal zu begraben.

## SEX BEIM ERSTEN DATE

Nach dem Sex beim ersten Date wird nichts mehr so sein, wie es war. Wenn ihr euch wiedersehen werdet, werdet ihr euch nicht richtig kennen lernen, da ihr zu viele Phasen übersprungen habt.
Wenn du ihn magst und dir eine gemeinsame Zukunft vorstellen kannst, tu's nicht. Wenn sich eine Seelenverwandtschaft zwischen euch herausstellt, wirst du für den Rest deines Lebens genügend Zeit haben, mit ihm zu schlafen. Sei also nicht so voreilig.

## DU FÜHLST DICH IMMER ZUM GLEICHEN TYP HINGEZOGEN

Das Problem bei diesem Verhaltensmuster ist: Wenn dies der richtige Typ Mensch für dich wäre, dann wärst du immer noch mit einem von ihnen zusammen. Als gute Paare bezeichnet man Paare, deren Persönlichkeiten und Lebensansichten sehr gut zusammenpassen und die über ähnliche Charaktereigenschaften verfügen. Du wirst aller Wahrscheinlichkeit nach wirklich keine Gemeinsamkeiten finden, wenn du immer mit dem gleichen Typ Mensch ausgehst. Frage deine Freunde, ob sie finden, dass du mit einem bestimmten Mensch-Typ ausgehst oder eine gewisse Rolle in deiner Beziehung einnimmst, die dir hinderlich ist. So wirst du die Fallen, in die du immer wieder hineintappst, erkennen und einen Weg finden, sie zu vermeiden.

### ALLES IN DIR RUFT **VERZWEIFELT**

Wir alle wissen, dass Männer Frauen aus der Ferne riechen können, die sich um jeden Preis binden wollen. Sobald er den Duft aufgeschnappt hat, wird er, so schnell es nur geht, in die entgegengesetzte Richtung laufen. Bemühe dich, neue Interessen zu entdecken, neue Freunde zu gewinnen usw. Das wird dich daran hindern, mit dem einzigen Mann, den du nicht abschrecken konntest, eine Beziehung anzufangen. Frage dich immer: „Hätte ich unendlich viel Zeit und viele Wahlmöglichkeiten, würde ich mich für ihn entscheiden?" Wenn die Antwort „nein" ist, beende die Beziehung jetzt.

### DU ERWARTEST, **DEINEN TRAUMMANN IN DER BAR** ZU TREFFEN

Es ist eine traurige Tatsache, dass die Auswahl an Männern mit zunehmendem Alter geringer wird. Also steh dir nicht selber im Weg und geh und suche sie. Das heißt nicht, so viele Kneipen und Bars wie nur möglich abzuklappern; die Männer, die dorthin gehen, wollen nur selten Liebe. Stattdessen musst du deine Gewohnheiten ändern: Kaufe woanders Kaffee ein, probiere es mit einem neuen Kurs oder nimm einen anderen Bus zur Arbeit usw.

Selbstverständlich ist es eine Sache, Menschen zu sehen, und eine andere, sie anzusprechen. Versuch mal, ein „Kommunikations-Start-Buch" mitzunehmen, das etwas von deiner Persönlichkeit preisgibt, in der Hoffnung, dass es einem gleichgesinnten Mann auffallen könnte, oder wenn das nicht klappt, ist das Buch eine gute Beschäftigung für dich, und es sieht nicht so aus, als ob du ziellos herumhängen würdest. Oder wenn du wirklich jemanden entdeckst, der dir gefällt, remple ihn „versehentlich" an und komme ins Gespräch, du hast ja nichts zu verlieren.

### DU HAST DAS **BEDÜRFNIS, ÜBER DEINEN EX ZU SPRECHEN**

Wir alle haben in der Vergangenheit Kummer erlebt, doch dein Date heute Abend will wahrscheinlich nicht alle Einzelheiten darüber erfahren.

Die Gefahr ist, dass du deinem Ex ein perfektes Denkmal setzt, dem niemals jemand gerecht werden kann. Nimm dir etwas Zeit, über **all seine Fehler nachzudenken, und geh weiter!**

# Die zweite Liebe

Nach einer Trennung fühlst du dich, als würdest du die Liebe nie wieder finden. Doch dann findest du sie, und sie fühlt sich erstaunlich gut an. Ob du nun zu heiraten planst oder ob ihr nur zusammenzieht, **es gibt gewisse Dinge, die du tun kannst, um sicherzugehen, dass die Beziehung diesmal hält:**

## LERNE AUS DER VERGANGENHEIT

Versichere dich, dass du die Lektion aus deinen alten Beziehungen gelernt hast. Denke darüber nach, wie ihr euch kennen gelernt habt; wie ihr euch entschieden habt, zusammen zu sein; wie eure Liebe gewachsen ist; und wie ihr mit Problemen umgegangen seid. **Denke über das nach, was falsch gelaufen ist und warum.** Wenn du das weißt, hast du eine viel bessere Ausgangsposition für eine zweite funktionierende Beziehung.

## LERNE DEINE NEUE LIEBE KENNEN

Es ist sehr wichtig, die Person, an die du dich in einer **zweiten Beziehung bindest, wirklich kennen zu lernen**, wegen all dem, was ihr in diese Situation mitbringt: mehr Reife, mehr Erfahrung, mehr Geschichte und mehr Problem-Potenzial.

**Finde heraus, wie er sich fühlt, was er denkt und was er vom Leben erwartet.** Achte darauf, dass ihr euch nicht nur über die Ex-Beziehungen und über das, was schief gelaufen ist, unterhaltet, sondern auch über euer früheres Leben und wie ihr zu den Menschen wurdet, die ihr heute seid.

## FEHLERbeseitigung für Zweitehen

Einige Probleme tauchen immer wieder auf. **Hier findest du vier der häufigsten Problempunkte** und wie man damit umgehen kann:

1 **Den Lebensraum teilen**
Je älter man wird, desto schwieriger gestaltet sich dein Umzug in einen fremden Lebensraum oder sein Umzug in deinen Lebensraum. Sei bereit, dich anzupassen. Räumt euch gegenseitig eine „Privatsphäre" ein, wenn möglich sogar eigene Zimmer, in denen ihr alles so haben könnt, wie ihr es wollt.

Achtet darauf, dass ihr viel zusammen unternehmt, aber nehmt euch auch Zeit für euch allein, wo ihr beide die Möglichkeit habt, Dinge unabhängig voneinander zu tun.

2 **Der Ex-Faktor**
Es kann schwierig werden, wenn der Ex immer noch ein Teil des Lebens deines Partners ist. Das Geheimnis liegt darin, euch immer wieder bewusst zu machen, dass ihr euch von euren Ex-Freunden getrennt und euch für ein gemeinsames Leben entschlossen habt. Egal wie schwierig und unangenehm es war, dein Ex ist Geschichte. Lege deine Eifersucht beiseite und konzentriere dich darauf, eine gemeinsame Front zu entwickeln. Kläre es mit deinem Partner, wie ihr mit euren Ex-Freunden umgehen wollt.

3 **Mutter spielen**

Zweitehen bringen oft eine komplette Familie mit sich, an die man sich nur schwer gewöhnen kann. Das Geheimnis, Schwierigkeiten zu vermeiden, liegt wie in allen starken Beziehungen in der Kommunikation. Sprecht über den Umgang mit euren Kindern, was Disziplin, Zeit und Aufmerksamkeit betrifft.

4 **Die Fehler der Vergangenheit wiederholen**

Wenn du siehst, dass du mit deiner neuen Liebe wie in deiner alten Beziehung wieder in die alten Streitigkeiten und unangenehmen Situationen hineinrutscht, gerate nicht in Panik. Es ist keineswegs überraschend. Du bist immer noch derselbe Mensch und wirst in die alten Verhaltensweisen hineinrutschen. Doch der Schlüssel zum Geheimnis für alle Beziehungen ist, dass man sich wirklich ändern kann, wenn man wirklich will.

5 **Erwarte das Unerwartete**
Sei bereit für Dinge, die nicht so laufen, wie du es dir vorgestellt hast. Bedenke, dass es viele Möglichkeiten gibt, eine Aufgabe erfolgreich zu erfüllen, und dass dein neuer Partner neue Herausforderungen und Erwartungen mit sich bringen wird. Halte dir allezeit alle Informationswege frei.

6 **Hausregeln und -pläne**
Das komplizierte Leben der Stieffamilien zu planen gestaltet sich schwierig. Versuche so viel wie möglich mit dem Ex zusammenzuarbeiten, damit jeder von euch klar weiß, was wann getan werden muss. Stelle in deinem Haus Regeln auf, aber versuche nicht, es in einem fremden Haus zu tun. Du weißt, dass sie zum Wohl anderer gedacht sind, doch mach dir nichts vor.

7 **Das grüne Monster**
Fange früh an, eine Beziehung zu jedem der Stiefkinder aufzubauen, aber erwarte nichts im Gegenzug. Die Kinder fühlen sich zuallererst ihren natürlichen Eltern verbunden, und es liegt in ihrem Überlebensinstinkt, das zu wahren. Eifersucht ist also was ganz Normales. Ermutige deinen neuen Partner, sich ausreichend Zeit für seine Kinder zu nehmen.

8 **Sprecht über die Finanzen, bevor ihr heiratet**
Da eure finanziellen Arrangements mit Alimenten, Unterhaltskosten und Kindern mit Sicherheit kompliziert sein werden, müsst ihr euch über den Stand der Dinge, noch bevor ihr zusammenzieht, klar sein. Das schließt auch eure Liquiditätsplanung, die Anschaffungen und Wünsche mit ein.

9 **Mit Verlusten umgehen**
Das ständige Auf und Ab der Gefühle bei deinen Kindern und deinem Partner sind etwas Natürliches. Man kann nicht einfach so über den Verlust der Frau oder der Mutter hinweggehen, und es besteht die Tendenz, diese Person zu vergöttern. Sei verständnisvoll, aber achte auf deine eigenen Gefühle und Verletzungen. Sprich mit einem Seelsorger, wenn du den Eindruck hast, dass dies zum Problem werden könnte.

10 **Probleme mit Halbgeschwistern**
Beziehungen brauchen Zeit. Erwarte nicht, dass sich Halbgeschwister sofort mögen, und erschrick nicht, wenn sie sich im Moment überhaupt nicht mögen, das wird mit der Zeit vergehen. Die Halbgeschwister, die auf Besuch kommen, sollten einen Platz in deinem Haus haben. Vermeide es, deine Kinder zu bevorzugen, aber vermeide es auch, seine Kinder zu sehr zu bevorzugen und zu favorisieren. Behandle sie alle mit Respekt und Fairness.

# KAPITEL 2

# Mode für die fabelhafte Frau

# Deine ultimative Style-Klinik

Sobald du meinst, deinen Style entdeckt zu haben, wirst du von **einem neuen Modetrend überrascht**. Sei es die Rückkehr des Minirocks, eine heiße Farbe, die nach mehreren Jahren plötzlich wieder top-aktuell ist, oder die übertriebenen Rüschen, obwohl du den jungenhaften Look bevorzugst.

Modesüchtige sollten aber eines bedenken: **Frauen, die hervorragend gestylt sind, wissen, wann sie nein sagen müssen.** Der Schlüssel zum Modeerfolg ist zu wissen, was einem anderen Typ oder jemanden mit einer anderen Figur besser stehen würde.

Was an der einen Frau langweilig aussieht, kann an der anderen die absolute Coolness sein; die Schnäppchen aus dem Second-Hand-Laden können zu einem erstaunlichen und einzigartigen Outfit für die Frau werden, die clever genug ist, dem Ganzen ihre eigene Note zu verpassen. Cool und stylisch auszusehen heißt nicht, so viele trendige Klamotten wie möglich zu kaufen, um sie dann alle zusammenzuwürfeln. **Es geht um das Wissen, aus dem aktuellen Modetrend das Richtige auszuwählen und alles andere wegzulassen.**

Hier sind **fünf Wege**, wie du schwierige Trends für dich einsetzen kannst, ohne dir dabei wie ein verzweifeltes Modeopfer vorkommen zu müssen.

1 **Helle Farben**
Es fühlt sich zunächst vielleicht wie die Rückkehr in die Sonne an, wenn man jahrelang nur Schwarz getragen hat, eine helle Farbe kann dich aber auch wie einen Clown aussehen lassen. Stelle dich langsam auf Farben um, bis du selbst mit ihnen vertraut bist. Bringe für den Anfang mit einem Tuch oder einer kleinen Strickerei etwas Pepp in die Neutralität herein. Während du dir allmählich immer sicherer wirst, welche Farben am besten zu dir passen, kannst du zu kräftigeren Tönen übergehen.

2

**Stöckelschuhe**

Gute Schuhe sind wichtig. Sie haben die Macht, unser Outfit zu vervollständigen oder zu zerstören. Du musst jedoch bedenken, dass nicht jede Absatzform für dich vorteilhaft ist.

Klobige Absätze kommen und gehen mit der Mode, und es ist leichter, darauf zu gehen, als auf Stilettos, doch sie können breite Beine noch breiter aussehen lassen. Sei vorsichtig mit Schuhriemchen, sie können selbst den schmalsten Fuß kurz und dick aussehen lassen. Im Allgemeinen sind sexy Stöckelschuhe am vorteilhaftesten. Sie lassen deine Beine länger und schmaler aussehen und können dein Selbstbewusstsein immens steigern. Gehe aber nicht über die Höhe von 5 cm raus, damit du nicht stolperst.

3

**Muster**

Durchgängige Muster können Figurfehler kaschieren, da die Blicke dadurch über den Körper gleiten. Suche kleinere Muster aus, wenn du dünner aussehen möchtest oder wenn du klein gewachsen bist. Breite Muster sehen nur an großen und Modelähnlichen Frauen gut aus.

4

**Rüschen und Spitzen**

Übertriebene Rüschen können an erwachsenen Frauen mädchenhaft und zottig aussehen. Füllige Rüschen sollten von pummeligen Frauen gemieden werden. Eine schöne Bluse jedoch mit Nacken- und Manschettenrüschen lässt selbst den formellsten Anzug leichter und die Hosen glamouröser aussehen. Rüschen und Spitzen kommen auch dann gut an, wenn du eine jungenhafte Figur hast und Kurven betonen willst.

5

**Miniröcke**

Die traurige Tatsache ist: Selbst wenn du die tollsten Beine der ganzen Welt hast, wirst du ab dem Alter von 25 Jahren keine kurzen Röcke mehr tragen. Sei schonungslos ehrlich zu dir selbst! Wenn du dich aber doch für einen kurzen Rock entscheidest, bleibe bei einem Saum, der bis über die Knie geht.

## Wie man MODE-FAUXPAS der Vergangenheit überlassen kann

Selbst die Modebewussten unter uns begehen gelegentlich Modesünden. Hier eine Liste mit den schlimmsten Sünden und wie man sie vermeiden kann.

### DEINE KLEIDER SIND ZU ENG

Wir alle haben uns schon einmal in eine kleinere Nummer reingequetscht, wir fühlen uns schlanker, wenn wir sagen können „,S' hat mir gepasst", wenn eigentlich Größe ‚M' bequemer gewesen wäre. Allerdings lässt uns nichts dicker aussehen als zu enge Kleider. Trage immer deine richtige Größe.

### DEINE KLEIDER SIND ZU WEIT

Ein weiterer häufiger Fehler ist es, weite Kleidung zu tragen, damit wir die überflüssigen Pfunde kaschieren. Sei vorsichtig, das lässt dich noch dicker aussehen. Stattdessen betone deine positiven Körperteile und kaschiere die Kurven. Passende Tops und Hosen sind schmeichelhafter als überdimensionale zeltähnliche Kleider.

### DU VERMISCHT ZU VIELE UNTERSCHIEDLICHE STILE

Versuche nicht, alles, was derzeit in ist, miteinander in nur einem Outfit zu verbinden. Es sieht aus wie gewollt und nicht gekonnt.

### DU HAST DEINE KLEIDER NICHT GEBÜGELT

Was bringt es, stundenlang das perfekte Outfit zu suchen, nur um nichts bügeln zu müssen, bevor du ausgehst? Kein Kleidungsstück sieht zerknittert gut aus, egal wie teuer es auch gewesen sein mag. Halte dir also immer ein gutes Dampfbügeleisen griffbereit. Wenn du das Bügeln so sehr hasst, kauf dir bügelfreie Kleider. Wenn du im Urlaub bist und kein Bügeleisen hast, hänge deine Kleider im Bad auf. Der Dampf nach dem Baden und Duschen glättet die Falten.

### DIE FALSCHEN ACCESSOIRES

Peppe dein Outfit mit passenden Accessoires auf. Wähle die zu deinem Kleid- oder Topausschnitt passende Länge der Halskette aus. Kurze und eng anliegende Ketten neigen dazu, deinen Hals breiter erscheinen zu lassen. Trage nie eine Kette über dem Pulli.

# Tipps, um die unvorteilhaften Körperregionen zu kaschieren

Probiere diese leichten Tricks aus, um die vier häufigsten Figurprobleme zu besiegen.

## Die BIRNENform

Hast du schon viele Tränen wegen deiner Hüften vergossen, wenn es darum ging, gut auszusehen? So kannst du sie verkleinern.

**Röcke:** Weitere Röcke bis unter die Knie verdecken breitere Hüften. Vermeide Bleistiftröcke und entscheide dich lieber für den A-förmigen Stil und für Röcke mit breiter Umsäumung, die deine Figur ausgleichen.

**Hosen:** Weitere Hosen mit weit geschnittener Beinform. Vermeide kurze Hosen, die deine Beine kürzer aussehen lassen.

**Kleider:** Der Taillenbund mit weiten Röcken könnte eine Vielzahl von Sünden verbergen! Probiere, schulterfreie Kleider zu tragen, um die Aufmerksamkeit nach oben und weg vom unteren Teil zu lenken.

**Jacketts:** Entscheide dich für längere Jacken, die deine Hüften bedecken.

**Tops:** Wähle rückenfreie und im Nackenbereich weit ausgeschnittene Tops aus, um breitere Schulter vorzutäuschen.

## RETTUNGSRINGE

Befolge diese einfachen Tipps, um deine Hüftenweite zu minimieren.

**Kleider:** Halte Ausschau nach Kleidern, die genügend Stoff haben, dich in der Taille schmaler aussehen zu lassen, nach V-Ausschnitten, die die Blicke nach oben lenken.

**Tops:** Nimm am besten Tops, die bis unter den Bauch gehen, damit die Rettungsringe verdeckt werden. Layered Tops (Doppel- oder mehrschichtige Tops) aus Chiffon oder Seide lassen dich schlank aussehen.

**Jacketts:** Wähle gut geschnittene, taillierte Jacketts, um den Eindruck einer schlanken Taille zu vermitteln.

**Hosen:** Trage Hosenanzüge mit weit geschnittenen Beinen. Je mehr Linien und Nähte, desto weniger wird der Blick auf die Rettungsringe um den Bauch gelenkt.

**Röcke:** Entscheide dich eher für weite Röcke statt für Bleistiftröcke, da sie den Bauch besser kaschieren.

## Zu KURZ

Mit Stöckelschuhen kannst du nur einige Zentimeter hinzufügen, stattdessen probiere es mit den folgenden Tricks.

**Hosen:** Lange Hosen mit weit geschnittenen Beinen lassen die Beine länger aussehen. Auch Nadelstreifen sind toll, wenn du größer wirken willst.

**Röcke:** Kurze Röcke betonen die Länge. Es müssen keine Minis sein, Röcke, die bis über die Knie gehen, tun das auch. Vermeide lange Röcke um jeden Preis.

**Jacketts:** Sie sollten immer kurz und süß sein. Längere Jacketts lassen dich kleiner wirken.

**Kleider:** Nimm Kleider, die von der Form und vom Stil her klassisch sind. Vermeide zottige Details sowie Spitzenrüschen und Schleifen, sie können dich kleiner wirken lassen.

**Tops:** Halte Ausschau nach Tops, die an den Hüften enden. Sobald sie nur ein bisschen länger sind, werden sie deine Körperform unvorteilhaft bestimmen.

## Zu JUNGENHAFT

Mach dir keine Gedanken, wenn dein Traum von einer Sanduhrfigur nie Wirklichkeit geworden ist. Du kannst mit Hilfe einiger Tricks Kurven an den richtigen Stellen hinzufügen und vortäuschen.

**Jacketts:** Versuche es einmal mit nicht so starren und rigiden Formen. Spitz zulaufende Jacketts helfen, deine Brust und Taille zu betonen.

**Röcke:** Kombiniere einen vollen Rock mit einem langen Top und einem schmalen Gürtel, um eine Taille vorzutäuschen.

**Tops:** Korsettähnliche Tops helfen, eine super-sexy Form vorzutäuschen, genauso wie V- und U-Ausschnitte.

**Kleider:** Wähle Kleider mit passender Taille für mehr Kurven.

**Hosen:** Halte dich fern von Hosen mit weit geschnittenen Beinen, da sie deinen Mangel an Kurven hervorheben. Stattdessen ziehe lieber eng anliegende, gerade Hosen an, um das Beste aus deinen schmalen Oberschenkeln zu machen.

# Was soll ich wann anziehen?

Das Wissen, was man wann anzieht, ist der Schlüssel zu einem guten Style. Um darin erfolgreich zu sein, **musst du deinen Kleiderschrank für dich arbeiten lassen**. Das heißt, er muss sehr flexibel sein und es muss für jede Gelegenheit etwas vorhanden sein.

Die richtigen Kleider anzuziehen kann deiner Karriere weiterhelfen, wohingegen ein unpassendes Outfit deiner Karriere im Weg stehen kann. Sie können den richtigen Mann anziehen, dein Selbstwertgefühl steigern und, am allerwichtigsten, **der ganzen Welt zeigen, welcher Typ Frau du bist.**

Doch manchmal lassen die Strapazen, **Karriere und Familie unter einen Hut zu bringen, die Mode zur Nebensache werden,** und bevor du es bemerkst, steht dein Aussehen ganz weit hinten auf deiner Prioritätenliste. Doch gut auszusehen ist für dein Selbstbewusstsein wichtig und sollte nie als Eitelkeit und Zeitvertreib abgetan werden.

Checke den Stand in deinem Kleiderschrank alle paar Monate neu, **um sicherzugehen, dass du für jede Gelegenheit die passende Kleidung griffbereit hast.** Frage dich, was du tragen würdest, wenn du zu … einer Hochzeit am Wochenende …, einer Party heute Nacht …, einem Vorstellungsgespräch nächste Woche … oder morgen Abend zu einem Date eingeladen wirst.

**Gehe jetzt zu deinem Kleiderschrank und versichere dich, dass du für jede Gelegenheit das passende Outfit hast.** Wenn nicht, dann sollte, was immer fehlt, deine nächste Klamotteninvestition sein. Wenn du das regelmäßig tust, wirst du immer etwas für kurzfristige Einladungen griffbereit haben.

**Entdecke deinen liebsten Modestil und versuche, ihn für jede Gelegenheit anzupassen.** Wenn du zum Beispiel auf Jeans und Stiefel stehst, ziehe ein funkelndes Top für die Party-Nacht dazu an, trage sie mit einem maßgeschneiderten Jackett in der Arbeit, schlüpfe in ein rückenfreies Oberteil und Riemchensandalen oder spitze Schuhe für eine Sommer-Party oder ziehe Sneakers und ein klassisches T-Shirt oder Kapuzen-Shirt an einem freien Wochenende an.

Accessoires: Jedes Outfit kann mit interessanten Gürteln, Broschen, Taschen, Tüchern oder Schmuck aufgepeppt werden. **Entscheide dich für zwei zusammenpassende Accessoires** und überprüfe, ob sie sich ergänzen. Mutige minimalistische Formen und Farben passen gut zu überdimensionalem oder opulentem Schmuck, aber aufwändige Kettchen benötigen etwas Feines.

Vergiss nicht, was du über deinem Outfit tragen wirst. Der Gesamteindruck vieler umwerfender Outfits wird durch die falsche Oberbekleidung zerstört. Der Grund, warum Pashminaschals so beliebt sind, ist, dass sie zu allem passen, angefangen von Jeans bis hin zu formeller Kleidung. Überprüfe, ob die Länge und die Art des Stoffes sowie Style und Farben zu deinem Outfit passen.

## Die RUSH HOUR am morgen überwinden

Wir alle haben das schon einmal erlebt: **am Montagmorgen verschlafen,** gerade wenn man für ein Meeting, eine Präsentation oder ein Date zum Mittagessen besonderes gut aussehen will. Wir hechten aus dem Bett und laufen in wilder Panik zum Kleiderschrank.

**Was um alles in der Welt kann ich anziehen?**
Mach dir keine Sorgen. Das folgende Kleiderschrank-Einmaleins wird dich mit Sicherheit darin unterstützen, den Eindruck einer gut organisierten, schönen und selbstbeherrschten Frau vermitteln. Außerdem hilft es dir, deinen Look superschnell zu kombinieren.

### EIN GUT GESCHNITTENES JACKETT

Habe immer ein gut geschnittenes Jackett in deinem Kleiderschrank. Wenn es dir gut passt, kannst du es über alles anziehen und du wirst sofort blendend aussehen.

Wenn du nach einem perfekten Schnitt Ausschau hältst, dann achte darauf, dass die Schulternähte genau an den Schultern liegen und nicht darunter, da dies unordentlich aussehen kann.

### DAS „PERFEKTE" TOP

Passende T-Shirts und Blusen in allen Farben sind das Markenzeichen eines vielseitigen Schrankes. Für eine tolle Figur wähle Stoffe mit einem Hauch Stretch, aber nicht zu viel, sonst werden sie wie Lumpen oder ausgeleiert aussehen. Ein klassisch geschnittenes Hemd wird bei der Arbeit hervorragend aussehen und kann am Wochenende leger mit Jeans getragen werden.

### DER SCHICKE PULLOVER

Investiere zumindest in einen qualitativ hochwertigen Strickpulli. Entscheide dich für Kaschmir, es lohnt sich immer, etwas mehr Geld dafür auszugeben. Zum einen wird er länger halten als deine Durchschnittspullis, zum anderen wird er nicht so schnell verblassen oder seine Form verlieren und muss nicht gebügelt werden. Kaschmir-Baumwoll-Mischungen sind für wärmere Tage perfekt geeignet. In kühleren Gegenden ist ein dickerer Pullover aus einer schwereren Kaschmir-Woll-Mischung unschlagbar.

### EIN WICKELKLEID

Jeder sollte zumindest ein fabelhaftes Kleid haben. Es gibt nichts Einfacheres. Dieses klassische schicke Jersey-Wickelkleid ist schmeichelhaft, feminin und kann überall getragen werden, im Sitzungssaal wie in der Schulklasse. Du kannst es einfach drüberziehen und bist perfekt gekleidet.

### PASSENDE TASCHEN UND SCHUHE

Sie müssen nicht perfekt zusammenpassen, das kann sogar überholt aussehen, aber achte auf Ähnlichkeiten. Wenn du zum Beispiel schwarze Stöckelschuhe trägst, nimm eine Tasche, die zumindest ein bisschen Schwarz hat, damit alles zusammenpasst.

### GUT SITZENDE HOSEN

Fusselfreie schwarze oder graue Wollhosen mit schrägen Taschen sind zeitlos. Denke an Katharine Hepburn. Trage sie mit einer knappen Bluse oder einem Kaschmir-Sweater für die ungezwungene Eleganz.

## Sichere Methoden, den „GERADE MAL SO ZUSAMMENGEWÜRFELT-LOOK" zu vermeiden …

Dein Look kann nicht missverstanden werden. Ob du deinen Schmuck vernachlässigt hast, auf Make-up verzichtet oder es riskiert hast, das Haus hastig zu verlassen, ohne dein Top davor zu bügeln, es gibt nicht viel, was du tun kannst, um die Situation zu retten, wenn du auf dem Weg zur Arbeit bist. Selbst wenn du es liebst, auf dem Weg zur Arbeit spontan an einem Klamottenladen mit frühen Öffnungszeiten anzuhalten und deinen Look in der Damentoilette deiner Firma neu zu kreieren (was allerdings nicht die beste Methode für einen cleveren Einkauf ist, wird sie selten, wenn überhaupt, eine schlechte Planung ausgleichen, egal wie viel Geld du dafür ausgegeben hast), musst du besser planen. Nachfolgend einige Tipps für eine bessere Planung und um morgendliche Paniksituationen zu vermeiden:

- Egal, wie müde du bist, lege deine Kleider schon am Abend davor heraus. Die Morgenstunden werden so weniger beängstigend sein.
- Stelle immer sicher, dass dein liebster Anzug oder dein liebstes Kleid für alle Gelegenheiten sauber und gebügelt im Kleiderschrank hängt. Du wirst so ein Outfit griffbereit haben, in dem du dich wohl fühlst und von dem du weißt, dass es gut aussieht.
- Experimentiere nicht, wenn du in Eile bist. Fünf Minuten, bevor du in die Arbeit gehen musst, ist keine gute Zeit, um einen neuen Look auszuprobieren.
- Plane einen „Fünf-Arbeitstage-die-Woche-Kleiderschrank". Dies wird wirklich die ganze Woche über den Stress verringern, und wenn das Wetter sich ändert, halte dir einfach einige Wahlmöglichkeiten bereit, um vom Langarm-Shirt zum Kurzarm-Shirt zu wechseln.
- Achte zuerst auf dich selbst, bevor du dich um andere kümmerst. Wenn du es lernst, früh aufzustehen und wenn nötig zu duschen und dich anzuziehen, bevor die Kinder oder der Partner mit ihren Forderungen kommen, ist die Wahrscheinlichkeit geringer, dass du in letzter Minute irgendwelche alten Klamotten anziehst.
- Halte Ausschau nach Strick- und Baumwollsachen mit Kunstfasern sowie Polyester, Viskose oder Stretch. Sie bilden weniger Falten, und du kannst damit, ohne sie zu bügeln, ausgehen.

## Die TOP-10-MODESÜNDEN, die man um jeden Preis vermeiden sollte

1. Röcke, die so kurz sind, dass sie im Sitzen unschicklich sind.
2. Tops, die zu viel von deinem Dekolleté preisgeben.
3. Bauchfreie Tops, wenn du über 20 bist.
4. Röcke oder Hosen, deren Saum auf den Boden hängt.
5. Alles, was eine Nummer zu klein ist.
6. Schmutzige Schuhe oder Sneakers.
7. Ungebügelte Kleidung.
8. Mit Schmutz, Baby-Essensresten oder Kinderfarben befleckte Kleidung.
9. String-Tangas, die beim Bücken über die Jeans herausragen.
10. BHs, die so eng sind, dass sie zu einem „Vier-Brüste-Effekt" führen.

# Der Schulmädchen-Look

Wenn deine Kinder im Kindergarten- oder Schulalter sind, kann dir das, was andere Mütter tragen, wenn sie ihre kleinen Lieblinge abgeben, die Augen öffnen. Heute wird von Müttern nicht nur erwartet, das Haus rein, die Kinder sauber und ordentlich zu halten und ihre Männer glücklich zu machen, sondern es wird auch erwartet, dass sie jung, sexy und trendy aussehen. Der Gang in die Schule kann tatsächlich manchmal zu einem Beauty-Wettbewerb werden. Die Kleidung ist oftmals auf dem neuesten Stand, das Make-up ist makellos, und die Haare sind perfekt gestylt. So kannst du gut aussehen, ohne dabei den Eindruck zu vermitteln, dass du dich zu sehr angestrengt hast.

## KINDERFREUNDLICHE KLEIDUNG

In deinen Kleidern bückst du dich ständig, läufst, sitzt auf dem Boden und umarmst viele. Achte also darauf, Kleider zu tragen, die deine Bewegungsfreiheit nicht einschränken oder die leicht knittern oder schnell fleckig werden. Praktische Kleidung heißt nicht, dass sie nicht stylisch sein kann. Im Winter können eng geschnittene Hosen vorteilhaft sein, du musst dir keine Sorgen wegen Löchern in den Strümpfen und kalten Beinen machen, oder du musst nicht in einem Bleistiftrock laufen. In den warmen Monaten sieht ein fließendes Kleid oder ein Rock zusammen mit einem Top sauber und frisch aus.

## PACK DIE RICHTIGE TASCHE EIN

Winzige kreditkartengroße Taschen sind oh-wie-süß, aber total nutzlos für die gewöhnliche Mutter. Viele Einkaufstaschen sind sehr handlich und stylisch. In einer großen Tasche kann man besser Ordnung halten, ganz besonders dann, wenn du Violine, Sporttasche, die Lunchbox und die Hausaufgaben mit dir herumschleppen musst.

## ALLES MUSS PASSEN

Wie süß du auch auszusehen meinst, pass deine Kleidung nicht der deiner Kinder an. Selbst die gleichen Farben zu tragen ist ein großes No-No, genauso wie deine Kleider der Kleidung deines Partners anzupassen. Dein Kind ist vielleicht klein, aber sie oder er ist ein Individuum, das seine eigene Persönlichkeit zum Ausdruck bringen will.

## Was du TRAGEN SOLLST …

1 **Halte alles schlicht**, du willst doch nicht aussehen, als hättest du dich vergeblich angestrengt.

2 **Wähle helle Farben** und gut passende T-Shirts oder Baumwoll-Shirts für einen makellosen, modernen Look.

3 **Ziehe Jeans an,** solange sie gut passen. Jeans sehen immer modisch aus.

4 **Ein stylischer Mantel** kann im Winter eine Menge Sünden verbergen. Investiere also jedes Jahr in einen qualitativ hochwertigen, gut geschnittenen neuen Mantel. Es wird dein Outfit um Klassen besser aussehen lassen. Und noch viel besser, niemand wird jemals wissen, dass du dein Pyjama-Oberteil darunter trägst!

5 **Trage saubere weiße Sneakers** oder flache Ballerinas, um deinen legeren und dennoch coolen Look zu vervollständigen.

## Was du NICHT TRAGEN SOLLST …

1 **Einen Minirock.** Überlass das einer 20-jährigen Mutter.

2 **Zu hohe Stöckel.** Du wirst komisch aussehen, wenn du morgens neben deinen Kindern einherstolzierst. Hebe deine Manolos für den Elternabend auf!

3 **Zu viel Make-up.** Es mag vor deinem Schlafzimmerspiegel gut aussehen, aber im klaren, grellen Licht am Schuleingang lässt es dich älter und überarbeitet aussehen.

4 **Alles, was funkelt und überladen wirkt.** Abendbekleidung sieht am Morgen immer komisch und übertrieben aus.

5 **Jede Menge Klunker und Markennamen.** Beachte: Leute, die Klasse haben, müssen das nicht beweisen. Mache dich nicht mit Gold und Diamanten beladen auf den Weg zur Schule. Es wird niemanden beeindrucken.

## Kindermode-WETTBEWERB

Der Schulbeginn ist immer voll gepackt mit Aktivitäten und nicht zuletzt mit der schwierigen Aufgabe, Schulklamotten zu kaufen. Hier einige Tipps, die dir helfen, den Einkauf ohne übermäßige Wutanfälle und „Ich werde das nicht tragen!"-Krisen zu meistern.

**Mache dir die Bekleidungsvorschriften in der Schule zu Eigen.** Selbst wenn dein Kind keine Schuluniform tragen muss, wird es andere Einschränkungen geben, wie zum Beispiel beim Schmuck und bei der Angemessenheit der Kleidung, besonders was die Sportbekleidung betrifft. Vorgewarnt zu sein heißt, gewappnet zu sein. Stelle also sicher, dass dir alle Vorschriften bekannt sind.

**Kaufe nicht immer wieder das Gleiche.** Überprüfe den Kleiderschrank deiner Kinder sorgfältig. Wenn dein Kind oder ältere Geschwister schon etwas haben, das sie tragen können, kaufe nicht das Gleiche noch einmal.

**Probiere, online oder per Katalog einzukaufen.** Vermeide die ermüdenden Reisen in die Läden und das ständige Anprobieren so oft wie möglich. Es gibt Internet-Shops und Kataloge, die sämtliche Standardgrößen, und einige, die Übergrößen führen. Die meisten deiner Lieblingsläden gibt es online.

**Lass sie kreativ sein.** Schulsachen können sehr restriktiv sein. Erlaube also deinen Kindern den kleinen Luxus, sich selber zu entfalten, ob es nun Kopfschmuck, Tücher, Anstecknadeln, der Schuh-Style oder auch nur der Haarschnitt ist, solange es den Schulregeln entspricht.

**Beachte das Wetter.** Stelle dich auf Regen, Schnee und Wind ein. Die angemessene Outdoor-Bekleidung ist für die Sicherheit und Gesundheit deines Kindes äußerst wichtig.

**Zeige deinen eigenen und einzigartigen Stil.** Wie in allen anderen Dingen auch, bist du ein Vorbild für deine Kinder, und wenn du stolz auf dein Aussehen bist, werden sie es auch sein. Versuche dennoch, alle Neurosen im Griff zu halten, du willst doch nicht zu einem Modeopfer werden.

# Wie geht man mit der Umstandskleidung um?

Einige Frauen lieben es, schwanger zu sein, und können es kaum erwarten, ihre Kugel zu zeigen. Viele allerdings fühlen sich während der ganzen neun Monate wie eine fette, nervöse Vogelscheuche, doch das muss nicht so sein. **Es ist möglich, während der Schwangerschaft gut auszusehen,** und wenn man gut aussieht, fühlt man sich auch gut. Hier einige Tricks, wie man sicher, stylisch und bequem durch die Schwangerschaft kommt:

### TRAGE HÜFTHOSEN

Vergiss die Umstandshosen. Trage normale, tief geschnittene Baumwollhosen, die dir locker auf den Hüften sitzen und den Bauchbereich schonen. Du wirst feststellen, dass du nur eine oder zwei Nummern größer einkaufen musst.

### TRAGE EINEN GUTEN BH

Das ist ein Artikel, in den du wirklich investieren musst. Gehe in das nächstgelegene Kaufhaus und suche perfekt passende BHs. So wirst du dich tausendmal besser fühlen. Stelle dich darauf ein, deine BHs immer wieder neu anzupassen, da deine Brüste während der Schwangerschaft größer werden.

### KLEIDE DICH IM ZWIEBELSCHALEN LOOK

Du fühlst dich vielleicht wie ein wandelndes Hormon, und weil auch mehr Blut als gewöhnlich durch deinen Körper fließt, wird es dir für gewöhnlich sehr warm sein. Achte darauf, wenn du dich anziehst. Wenn du einen dicken Pulli tragen musst, ziehe darunter ein leichtes T-Shirt an, damit du ihn im Laufe des Tages ausziehen kannst.

## KOMFORT IST DAS WICHTIGSTE

Das Letzte, das du während der Schwangerschaft gebrauchen kannst, ist viel Arbeit. Entscheide dich für atmungsaktive Kleidung, die leicht waschbar und tragbar ist. Um das sicherzustellen, musst du die Waschanweisungen genauestens durchlesen, bevor du einkaufst.

## FÜRCHTE DICH NICHT VOR UMSTANDSKLEIDUNG

Frustriere dich nicht selber, indem du versuchst, deine Taille mit Sicherheitsnadeln und zusätzlichen Knöpfen zu erweitern. Akzeptiere, dass es sich nicht vermeiden lassen wird, Umstandskleidung zu kaufen. Bedenke, dass deine Investition sich mehr lohnen wird, wenn du sie öfter tragen kannst. Also, sobald du den Reißverschluss an deiner liebsten Jeans nicht mehr zukriegst, tue dir etwas Gutes und lege dir eine Umstandsjeans zu. Keiner wird den Unterschied merken, aber du wirst dich wohler fühlen.

## KAUFE DIE RICHTIGE GRÖSSE EIN

Wenn du einkaufen gehst, achte darauf, Vorschwangerschafts-Größen einzukaufen. Die Umstandskleidung ist speziell dafür designed. Deine Arme und Beine werden ja nicht länger, und die Grundstruktur deines Körpers wird sich auch nicht verändern. Gut zugeschnittene Umstandskleidung wird dir den Extra-Freiraum genau dort geben, wo du ihn brauchst – im Bauch-, Brust-, Po- und Achselbereich –, wobei die Vorschwangerschafts-Proportionen deiner normalen Größe dabei beibehalten werden.

## FLACHE SCHUHE FÜR MEHR KOMFORT

Ja, deine Füße können größer werden, wenn du schwanger bist, erstaunlicherweise um mehr als anderthalb Größen. Das zusätzliche Gewicht des Babys macht Stöckelschuhe sowieso unbequem. Obwohl Stöckelschuhe für besondere Anlässe – gelegentlich – gut sind, lege dir für den alltäglichen Gebrauch ein Paar bequeme, stylische Schuhe mit niederem oder flachem Absatz zu. Deine Füße werden es dir danken.

## ONLINE EINKAUFEN

Im Internet findest du verschiedene Websites mit Umstandsmode. Dort kannst du aus umfangreichen Online-Kollektionen auswählen. So kannst du das, **was du magst, günstig einkaufen** und dir dabei die Rücken- und Beinschmerzen ersparen, die ein anstrengender Stadtbummel mit sich bringt.

## BEWAHRE DEINE EIGENE IDENTITÄT

Der Stil, den du vor der Schwangerschaft hattest, soll auch während der Schwangerschaft dein Stil sein, schließlich und endlich bist du immer noch die gleiche Person. **Trage nie etwas während der Schwangerschaft, was du nicht auch vorher getragen hättest.**

## VERWÖHNE DICH

Akzeptiere, dass dein Körper sich verändert, und verwöhne ihn. **Wenn du gut aussiehst, fühlst du dich wohl.** Lass dir also einen guten Haarschnitt verpassen und genieße eine Maniküre oder Massage.

## DREI WEGE, um in der Schwangerschaft HERVORRAGEND AUSZUSEHEN:

1. **Halte es schlicht.** Entscheide dich für eine saubere, einfache Linie und einen klassischen Schnitt. Trage keine breiten oder unruhigen Muster, die deine neue kurvenreiche Figur überbetonen.

2. **Zeige deine Kurven.** Wage es, einen etwas tieferen Ausschnitt als gewöhnlich zu tragen oder eine Bluse, die eng anliegt. Sei stolz darauf: Die Tage, an denen Frauen ihre Kugel verstecken mussten, sind vorbei.

3. **Verwöhne deine Haut.** Creme deine Haut täglich ein und gönne ihr ein- oder zweimal die Woche ein Peeling, damit sie sanft und strahlend bleibt.

# Nachschwangerschaftliche Fashion-Power

Als frischgebackene Mutter kann der Druck, schnell wieder in Form zu kommen, heftig sein. Die aufreizenden berühmten Mütter, die innerhalb weniger Wochen nach der Entbindung wieder in hautenge Jeans hineinpassen, verstärken diesen Druck nur noch mehr. **Fühle dich nicht als Versagerin, wenn deine alten Kleider nach der Geburt deines Babys etwas knapp zu sein scheinen.** Das ist absolut normal und gesund. Mach einen Stadtbummel nach der Schwangerschaft und kaufe lieber neue und bequeme Übergangskleidung ein. Das löst den Druck und gibt dir ein gutes Gefühl, bis du wieder in Form kommst.

Es kann etwas Zeit dauern, den letzten Babyspeck abzubauen, doch es gibt keinen Grund, warum du in der Zwischenzeit nicht sexy aussehen solltest. Es ist ganz einfach eine Frage der Betonung und des Verdeckens von Fettpolstern. Und so wird es gemacht:

- **Entscheide dich für einfache, gut zugeschnittene Kleider** mit Details im Halsbereich. Das wird die Blicke nach oben und weg von deinem Bauchbereich lenken.
- **Trage Anzüge mit langen Jacketts,** die bis zu den Schenkeln reichen, und Bootcut-Hosen oder Hosen mit weit geschnittenen Beinen.
- **Vermeide kurze Röcke**. Röcke bis knapp unter die Knie oder in Wadenlänge sind viel schmeichelhafter.
- **Bleibe bei neutralen Farben,** so wie Schwarz, Grau oder Dunkelblau. Sie werden jede Menge Sünden verbergen! Du kannst dazu Strickjacken, Tücher oder Pashminas in hellen Farbtönen kombinieren.

# Kokette Mode –
## wie man sexy aussieht, ohne sich dabei wie ein Pornostar zu kleiden.

Du fühlst dich also sexy und kokett und willst dich so anziehen, dass du Eindruck machst. Aber du willst nicht wie „gewollt und nicht gekonnt“ aussehen, und **du willst schließlich auch kein Outfit, das vermittelt: „Ich bin hier zum Abholen.“**

Sexy, ohne dabei nuttig auszusehen – hier gilt es, die richtige Balance zu finden. **Wie kann man sexy Klamotten im Alltag einsetzen,** ohne dabei ein Glamourmodell nachahmen zu wollen?

Der Trick besteht darin **sexy und legere, bequeme und feminine Kleidung miteinander zu kombinieren.** So wird's gemacht ...

## Mit MÄDELS AUSGEHEN

Eine Nacht mit deinen Freundinnen draußen in der Stadt zu verbringen heißt für gewöhnlich, sich in Abendgarderobe zu schmeißen, zu tanzen und viele Männer kennen zu lernen. Diese Abende schreien nach einem Look, in dem du dich sexy fühlst, ohne dich dabei auf einen „Wer trägt die knappsten Kleider"-Wettkampf einzulassen. **Suche dir erstklassige, dezente sexy Outfits aus, du wirst viel verführerischer aussehen,** als wenn du zu viel Haut zeigst. Ein hübsches, glitzerndes Top mit Jeans und Stöckelschuhen ist ideal, wenn du beabsichtigst, in eine Bar zu gehen, oder zieh ein verführerisches, aber nicht allzu kurzes Kleid an, wenn Disco auf dem Programm steht.

## In der ARBEIT

**Vergiss die ausgeleierte Jeans und den altmodischen Anzug.** Gutes Aussehen wird dir helfen, den jüngeren Frauen in deinem Büro zu zeigen, dass du ihnen immer noch eine oder zwei Lektionen über das sexy, stylische und selbstbewusste Aussehen erteilen kannst. Es hilft dir auch, deinem Boss zu zeigen, dass du dir in allen Bereichen deines Lebens etwas zutraust.

Ein zeitloser sexy, aber schicker Look ist die Bluse-Rock Kombination. **Suche eine Bluse aus, die extrem eng anliegt.** Das heißt, dass du eine Größe weiter hinunter gehst, bis sich die Knöpflöcher an deiner Brust kräuseln. Kaufe dann die Bluse, die eine Größe darüber liegt. Das gibt dir die Garantie, die engste Bluse gekauft zu haben, ohne dabei auszusehen, als wärst du aus der Größe schon herausgewachsen. Die Idee ist, dass eine Bluse, die an der Brust eng anliegt, dir eine lässige, sexy und einladende Aura gibt.

**Vergiss Miniröcke,** wenn du ernst genommen werden willst. Ein passender Bleistiftrock wird deine Kurven viel besser betonen.

So wie du deine sexy Bluse gefunden hast, kannst du mit diesem Größenratgeber die perfekte Hose und Bluse finden. Probiere die kleinstmögliche Größe an und schaue dir dann dein Hinterteil an. Wenn du die Umrisse deiner Unterwäsche sehen kannst oder die Nähte platzen, ist sie zu klein. **Gehe je eine Größe nach oben, bis sich deine kurvenreiche Silhouette weich abzeichnet.**

## Lass die Kurven beim WORK-OUT SPRECHEN

Wenn du dir erhoffst, den Traummann zu finden, kann das Fitnessstudio für den Anfang eine gute Adresse sein. **Es gibt nichts Schlimmeres, als ein zu sexy Outfit beim Work-Out.** Männer neigen eher dazu, diejenigen unter uns zu beachten, die es während dem Work-Out richtig machen. Das heißt, Kurven zeigen, die Brust rausstrecken und den Bauch einziehen.

Ein guter Sport-BH eignet sich perfekt, um deinen hart erarbeiteten Körper zu zeigen, und er stützt das, was bei dir wirklich gestützt werden muss. Kombiniere das Top mit einer Short oder einer Jogginghose, und du wirst die Queen des Fitnesszentrums sein. **Der Trick liegt darin, auf unansehnliche Umrisse der Unterwäsche zu achten.** Wenn es hart auf hart kommt, lass deine Unterhosen im Ankleideraum!

## Bei einem HEISSEN DATE

Das Wichtigste, wenn man bei einem Date sexy aussehen will, ist, nicht so zu wirken, als hätte man sich sehr dafür angestrengt. **Du willst genauso sexy aussehen, wenn du aufstehst, isst oder schlafen gehst** – er braucht es nicht zu wissen, dass du Stunden beim Friseur verbracht hast und zwei Stunden gebraucht hast, um dich fertig zu machen.

**Beim ersten Date zu viel Haut zu zeigen ist ein No-No.** Wenn du deinen Date-Partner für dich interessieren willst und dann wie eine Go-Go-Tänzerin aussiehst, wird er sich aus den falschen Gründen für dich interessieren. Stattdessen musst zu „zufällig sexy" aussehen. Beachte die drei folgenden Tipps.

1 ***Investiere in einen super passenden BH***
Es ist wichtig, dass dein BH perfekt sitzt und unabhängig von der Größe deine Brüste gut unterstützt und formt. Nimm dir also die Zeit für das Anprobieren im nächstgelegenen Kaufhaus, du wirst es nicht bereuen. Das Geheimnis bei der Wahl eines guten BHs liegt im Stoff und in den Applikationen. Satinstoffe sehen unter der Kleidung am besten aus, da sich, im Gegensatz zu Spitzen-BHs, die sich zum Beispiel im Gewebe abzeichnen, nichts einhängen kann. Wenn du meinst, dass dein BH durch deine Bluse zu sehen ist, suche einen BH mit einer hübschen Applikation aus.

2 ***Zeige deine Beine***
Du brauchst keinen Minirock, um glatte, nackte Beine zu zeigen. Das tun auch tolle Schuhe oder Stiefel. Wenn der Minirock jedoch dein Ding ist, soll er locker sitzen; trage ihn mit einem Rollkragen-Top und flachen Schuhen. Wenn du deine Beine zeigst, solltest du dein Dekolleté bedecken und umgekehrt.

3 ***Lenke die Blicke auf deinen Halsbereich***
Wenn du Blusen und Sweater trägst, die den Hals und das Schlüsselbein betonen, kann das genauso sexy sein, wie dein Dekolleté zu zeigen. Würdige deine obere Brustpartie viel mehr mit einem tieferen Ausschnitt, der nicht bis hinunter zu deinen Brüsten geht. Das wird seinen Blick auf deinen Halsbereich lenken. Der Gedanke dahinter ist, das Verbogene anzudeuten.

## DIE ULTIMATIVE CHECKLISTE FÜR EIN SEXY, ABER NICHT NUTTIGES AUSSEHEN

1 **Trage immer weiche, verlockende und anschmiegsame Stoffe.** Seide oder Kaschmir sind besonders sinnlich.

2 **Vermeide auffällige ultra-knappe Miniröcke oder durchsichtige Tops.** Lass gut geschnittene Kleidung für dich sprechen.

3 **Probiere deine Kleider immer sorgfältig an** und zögere nicht, eine Größe nach oben oder nach unten zu gehen, wenn das nötig ist.

4 **Kombiniere sexy Sachen** mit etwas konservativeren, um die Sinnlichkeit nur anzudeuten.

5 **Suche dir glatte Unterwäsche mit weichen Nähten aus;** prall gefüllt BHs oder sich abzeichnende Unterwäsche sind niemals sexy.

# Kaufen bis zum Umfallen

**Wir alle begehen Modesünden,** und verzweifelte Hausfrauen machen dabei keine Ausnahme! Die Verbraucherstudien der britischen Mintel-Gruppe besagt, dass Frauen beängstigende 500 $ pro Jahr für Kleider, Schuhe und Modeschmuck ausgeben, die sie nie tragen.

Das Problem liegt teilweise daran, dass selbst im Alter von 30–40 Jahren **viele von uns ihren persönlichen Stil noch nicht entdeckt** haben und Scheidung, Kinder und ein Jobwechsel Indizien dafür sein können, dass ein Imagewechsel dran ist.

Der Schlüssel dazu ist zu lernen, Kleider auszusuchen, die deinem Geschmack und deinem Lebensstil entsprechen, die deiner Figur schmeicheln und auf deinen Geldbeutel zugeschnitten sind.

## LOS geht's …

Durchforste deinen Kleiderschrank und finde heraus, was dir fehlt. Schau dir die Kleider an, die du nie trägst, danach das, was du immer trägst, und finde heraus, was du brauchst, aber noch nicht hast. **Stelle eine Liste mit den Dingen auf, die du meinst, jetzt haben zu müssen.** Wenn du weißt, dass ein klassisches Kleidungsstück in deinem Kleiderschrank immer noch tragbar ist, dann füge es zu deiner Liste hinzu. Ersetze das Kleidungsstück, wenn es abgetragen aussieht oder, wenn möglich, kaufe es in einer anderen Farbe.

**Der Schlüssel beim Ausmisten deines Kleiderschrankes ist, Dinge wegzuwerfen,** auch wenn es nur darum geht, Platz für die Schnäppchen zu schaffen. Doch bevor du einige Dinge loswerden kannst, musst du genau wissen, was du hast.

**Nimm alles heraus und lege nur das wieder zurück, was du wirklich magst.** Wenn die Kleider zu klein sind, ausgeleiert und nicht gut an dir aussehen, musst du bedenken, dass es mindestens drei Monate dauern wird, bis du wieder in sie hineinpasst. Realistisch gesehen wirst du die Kleider bis zum nächsten Winter nicht wieder tragen und wahrscheinlich mit deinem neuen, schlankeren Ich so zufrieden sein, dass du losgehen und einen ganz neuen Satz Kleider kaufen willst!

## MISTE DEINEN KLEIDERSCHRANK AUS

1 **Behalte nur die Kleider, in denen du dich wohl fühlst.** Wirst du wirklich bis auf Größe „S" abspecken? Wenn nicht, höre auf, dich selbst zu peinigen, und gib sie an eine Wohltätigkeitsorganisation weiter.

2 **Investiere in vernünftige Kleiderbügel,** Kleiderschutzhüllen für Pullover und Schuhspanner.

3 **Organisiere deinen Kleiderschrank so,** wie es für dich am meisten Sinn ergibt. Teile ihn zum Beispiel nach Alltagskleidung und Kleidung für besondere Anlässe ein oder nach Farben oder Kleidungsart.

4 **Lass die Kleidung für besondere Anlässe professionell reinigen,** flicken und verpacken.

5 **Nutze diese Gelegenheit, um aus vergangenen Fehlkäufen zu lernen** und sie nie mehr zu wiederholen!

## ÜBERLEGE DIR EINEN BETRAG UND HALTE DICH DARAN

**Entscheide dich für einen realistischen Betrag,** den du ausgeben willst, bevor du einkaufen gehst, und lass dir dann einen zehn- bis 15-prozentigen Spielraum für notwendige Einkäufe.

## HETZ DICH NICHT AB

Gehe nicht einkaufen, wenn du nicht ausreichend Zeit hast, in einer Stunde ist es nicht getan. **Meide Läden, wenn du mit anderen Dingen beschäftigt bist** oder deine Frisur an diesem Tag nicht gut sitzt. Die Fehler warten nur darauf, gemacht zu werden.

### KLEIDE DICH ERFOLGREICH

Zieh passende Kleider an, die du leicht an- und ausziehen kannst. Wenn du ein sexy Abendkleid suchst, zieh keine Turnschuh an. Kleide dich einfach, aber so, dass du dich darin wohl fühlst.

## ... AUF GEHT'S!

Wenn du dich auf einen erfolgreichen Einkaufsbummel eingestellt hast, findest du hier einige bewährte und getestete Methoden, die sicherstellen, **dass du bekommst, was du willst.**

### BEHALTE DAS WICHTIGE IM BLICK

Sei vorsichtig und lass dich von einem Artikel, **in den du dich verliebt hast, aber den du eigentlich nicht brauchst,** nicht ablenken. Es ist sehr unwahrscheinlich, dass dieser Artikel zu den wichtigsten Klamotten in deinem Kleiderschrank gehören wird. Er wird viel eher ungetragen irgendwo hinten in deinem Schrank liegen bleiben.

### SEI EHRLICH ZU DIR SELBST

Wie gut passt es dir? Wie sieht es an dir aus? Wie fühlst du dich darin? Fühlst du dich wohl? **Liebst du es, weil es gerade „in" ist,** weil es dir „den Look" verpasst oder weil es etwas über dich aussagt?

**Kaufe eine Farbe nicht, weil sie gerade trendy ist** oder weil sie an deiner besten Freundin so gut aussieht. Achte darauf, ob die Farbe zu deiner Haut-, Haar- und Augenfarbe passt.

## FEHLKÄUFE vermeiden

Schnäppchen, die zu gut sind, um an ihnen vorbeizulaufen aber nie getragen werden, sind die denkbar größte Verschwendung deines hart verdienten Geldes. So kannst du ein wirkliches Schnäppchen machen und es vermeiden, Geld und Zeit für Artikel zu verschwenden, die das Tageslicht nie sehen werden.

### SECHS SCHRITTE FÜR DEN SCHNELLEINKAUF

1. **Entscheide, was du willst,** und bleibe dabei.
2. **Kaufe Kleider nur in deiner richtigen Größe** und solche, die dir perfekt passen. Die einzige Ausnahme sollten Hosen oder Röcke sein, die einfach in der Länge angepasst werden müssen.
3. **Achte auf Bequemlichkeit.** Alles, was sich bei der ersten Anprobe unbequem anfühlt, wird später im Laufe des Tages zur Folter!
4. **Entscheide dich für das Klassische**. Der orange oder blaue Minirock mag vielleicht dieses Jahr „in" sein, aber wie wird er nächstes Jahr aussehen? Du fährst besser damit, wenn du an einfachen, zeitlosen Teilen festhältst.
5. **Wenn du dir nicht vorstellen kannst, es bei mindestens drei verschiedenen Anlässen zu tragen,** kaufe es nicht (es sei denn, du kaufst Sportklamotten oder ein Brautkleid!).
6. **Kaufe nichts im Schlussverkauf, wofür du nicht auch sonst Geld ausgeben würdest**. Wenn es nicht großartig ist, ist es kein Schnäppchen und wird nicht in deinen Kleiderschrank hineinpassen.

# Anonyme Kaufsüchtige

Heutzutage ist es so einfach wie noch nie, in Schulden zu geraten, dank Kreditkarteninstitute, die so bereitwillig unbegrenzte Geldbeträge verleihen, egal ob die Kunden sie zurückzahlen können oder nicht. Wenn deine Kaufgewohnheiten deiner Kontrolle entglitten sind, gibt es hier fünf Wege, die dir helfen, **deine Finanzen wieder unter Kontrolle zu bringen und Schulden gegen Reichtum einzutauschen ...**

## 1 VEREINFACHE DEINE FINANZEN

Wenn du mit Kontoauszügen von deiner Kreditkarte, deinen Kundenkarten, ungesicherten Krediten und Bankkonten überhäuft wirst, schließe einige der Konten und konsolidiere die anderen. Je einfacher deine Finanzen, desto einfacher ist es, sie unter Kontrolle zu halten.

## 2 HÖRE AUF, BARGELD RAUSZUSCHMEISSEN

Addiere, wie viel Geld du für Klamotten, Accessoires oder Kosmetik ausgegeben hast, die du nur wenige Male gebraucht hast. Kaufe Lebensmittel nur anhand deiner Einkaufsliste ein, damit du die Nahrungsmittel nicht jede Woche wegwerfen musst. Bedenke, dass es hart verdientes Geld ist, das du da in den Müll wirfst.

## 3 BEZAHLE NICHT DEINE BANK

Konsolidiere so viel wie möglich von deinen hochverzinslichen Krediten auf 0 Prozent oder auf niedrigprozentige Kreditkartenangebote und verpflichte dich, diese rechtzeitig zurückzubezahlen, bevor der niedrige Anfangszinssatz ausläuft. Aber wechsle nicht andauernd. Zahle deine Schulden zurück und bleibe schuldenfrei.

## 4 HOL DIR DEIN GELD ZURÜCK

Schau dich im Haus um, sammle alle Gegenstände, die du nicht mehr brauchst, und verkaufe sie bei einem Garagenverkauf, Flohmarkt oder bei eBay. Nutze das Geld, um deine Schulden zu verringern, oder lege es auf einem Sparbuch an.

## 5 KAUFE WERTBESTÄNDIGE GEGENSTÄNDE EIN

Wenn du Gegenstände rund ums Haus einkaufst, achte darauf, dass sie den Wert deines Hauses steigern. Wenn du Klamotten kaufst, frage dich, ob du sie später verkaufen kannst und wie viel du damit einnehmen könntest. eBay verfügt über ein ziemlich breites Second-Hand-Sortiment an Designer-Schuhen und -Handtaschen. Das könnte eine gute Möglichkeit sein, das verprasste Geld wieder reinzuholen.

## Behalte DIE KONTROLLE über deine Kreditkarten

Kreditkarten können gut sein, solange sie nicht von dir Besitz ergreifen. **Es kann ein großer Vorteil sein, sie zu haben,** aber es hängt davon ab, wie du damit umgehst. Wenn du feststellst, dass du deine monatlichen Rechungen nicht bezahlen kannst und nur noch zusehen kannst, wie sie ständig steigen, hast du deine Ausgaben nicht unter Kontrolle.

### WIE DU AM BESTEN MIT DEINER KREDITKARTE UMGEHST

- Sorge dafür, dass du vor dem Abrechnungszeitraum genügend Geld auf dem Konto hast. So hast du einen ganzen Monat Zeit, bevor die Rechnungen ins Haus flattern und du bezahlen musst.
- Kündige so viele Kreditkarten wie möglich und behalte nur eine für deine Großeinkäufe. Versuche deine Rechnungen jeden Monat zu bezahlen, damit keine Zinsen anfallen und deine Schulden nicht ins Uferlose ansteigen.
- Wenn du dein Konto nicht jeden Monat ausgleichst, musst du vorsichtig sein, was du darüber bezahlst. Versuche keine Lebensmittel darüber einzukaufen, da du sie sofort verzehren, aber monatelang dafür zahlen wirst, wenn die Zinsen die Kosten für Lebensmittel langsam ansteigen lassen.

### WIE MAN WENIGER FÜR KREDITKARTEN (UND BANKKOSTEN) AUSGIBT

- Wenn du für deine Kreditkarte jährlich Gebühren zahlen musst, beantrage, sie zu erlassen. Viele Konten sind gebührenfrei, deshalb kannst du jederzeit dein Konto wechseln. Viele Kreditkartenfirmen erlassen die Gebühren, wenn man danach fragt.
- Nutze mit jedem Kauf so viele Vergünstigungen, wie zum Beispiel kostenlose Versicherungen oder Meilengutschriften, wie möglich. Solange du mit deiner Kreditkarte verantwortungsbewusst umgehst, beantrage eine Meilengutschrift oder eine Geld-zurück-Gutschrift für alle Einkäufe, die du tätigst.
- Wenn du aus Versehen mit einer Zahlung in Verzug gerätst, ruf an und erkundige dich, ob die Gebühren und Zinsen erlassen werden können. Die meisten Banken werden das einmalig tun, wenn du nachfragst.
- Wenn du ständig im Zahlungsverzug bist, weil die Rechnung zwei Tage vor deinem Zahltag fällig ist, rufe bei deinem Kreditunternehmen an. Frage nach, ob dein fälliges Rechnungsdatum um eine Woche verschoben werden kann, damit du dein Gehalt anlegen und die Rechnung immer noch rechtzeitig zahlen kannst.
- Wenn du normalerweise rechtzeitig zahlst, frage nach, ob deine Zinsen um ein Prozent oder einen Bruchteil gesenkt werden können.

# KAPITEL 3

# Karriere und Familie

# Die Kunst, alles unter einen Hut zu bringen

Das größte Dilemma der Frau des einundzwanzigsten Jahrhunderts ist: **Wie bringt man Karriere, Familie und Liebe erfolgreich unter einen Hut**, ohne dabei so erschöpft zu sein und die Augen kaum noch offen halten zu können, um den Kindern einen Gutenachtkuss geben zu können, geschweige denn noch Sex mit deinem Ehemann zu haben?

**Es sind die Kleinigkeiten, die den Unterschied machen,** wenn es um ein reibungsloses Leben geht. Das kann heißen, dass man für einen besseren Ablauf der Morgenroutine sorgt, sich von der Arbeit aus aktiv am Leben der Kinder beteiligt oder mehr aus den Abenden zu Hause macht. Hier einige Gedanken, wie du das geschäftige Mutter-Sein ins Lot bringst.

## Sorge für einen ruhigeren Ablauf am Morgen

★ Achte auf eine **konstante Routine am Morgen**, damit deine Kinder wissen, was auf sie zukommt.

★ **Stehe vor deinen Kindern auf,** um zu trainieren oder eine Tasse Kaffee in Ruhe zu genießen, zu duschen und dich anzuziehen.

★ Lege die Kleider für deine Kinder am Abend davor bereit, damit es **keine Diskussionen** über das Anziehen gibt.

★ Lass deine Kinder so viel wie möglich alleine tun, zum Beispiel anziehen, Haare kämmen oder Müsli zubereiten. Das gibt ihnen **das Gefühl, unabhängiger** zu sein, und du hast mehr Zeit für andere Dinge.

## PLANE im Voraus

- **Bereite so viel wie möglich vor, bevor du ins Bett gehst:** Überprüfe die Schultaschen, lege die Schul- und Arbeitskleidung heraus, bereite die Pausenbrote vor, leere die Spülmaschine und stelle eine Liste für das Kindermädchen auf, wenn du eines hast.
- **Schaffe einen Abstellplatz** für Schuhe, Mäntel, Taschen, Sportsachen und für alles andere, was jeden Morgen gebraucht wird.
- Lege eine Mappe oder einen Ordner neben die Türe, wo du alle Schulinfos und -erinnerungen ablegen und dir jeden Abend durchlesen kannst. Schreibe alle Aufgaben, die du noch erledigen musst, in eine **tägliche To-do-Liste** für den nächsten Tag und setze Prioritäten.
- Hänge eine Uhr an einem gut sichtbaren Ort auf, sodass jedes Familienmitglied seine **„zur Tür raus"-Zeit** bewusst wahrnimmt.
- **Richte Frühstücks-, Bad- und andere Schichten ein**, damit jeder in Bewegung ist und niemand wartend unnötig Zeit verschwendet.

## Während der Arbeit

- Gehe mit auf **Klassenfahrten und melde dich für ehrenamtliche Tätigkeiten** in der Schule an, wenn du dir von der Arbeit freinehmen kannst.
- Bleibe mit der Lehrerin deiner Kinder und deinem Kindermädchen per Telefon oder über E-Mail in Verbindung. Bitte die Tagesmutter, ein Tagebuch mit den Aktivitäten der Kinder, ihren Hausaufgaben und anstehenden Events oder Meilensteinen zu führen, damit du **nicht das Gefühl hast, etwas im Leben deiner Kinder zu verpassen.**
- Delegiere die Schul- oder Kindergartenvorführungen, Konzerte, Elternabende oder Sportaktivitäten deiner Kinder nicht an dein Kindermädchen. Setze alles dran, dass du oder dein Partner **bei allen wichtigen Events dabei seid.**

# Lass die Abende zu etwas Besonderem werden

- Gönne dir und deinen Kindern die **Zeit zum Entspannen und Abhängen**. Bereite kinderfreundliche Mahlzeiten im Voraus vor oder koche etwas Schnelles und Leichtes, damit du nicht die ganze Zeit vor dem Herd verbringen musst. Verwöhne dich, indem du zum Abendessen ausgehst, oder bestelle dir ab und zu mal was nach Hause.
- Mache eine Regel daraus, das **Fernsehgerät zum Abendessen auszuschalten** und als Familie über den verstrichenen Tag zu sprechen.
- **Halte an der abendlichen Routine fest,** damit deine Kinder wissen, was auf sie zukommt, aber plane auch Spaß- und Kuschelzeiten ein.

## Halte dein LIEBESLEBEN in Schwung

**Verbringe Zeit mit deinem Mann,** auch wenn ihr nur zusammen lest oder fernseht. Telefonate oder E-Mails im Laufe eines Arbeitstages geben euch ebenfalls das Gefühl, einander näher und Teil im Leben des anderen zu sein.

Plant zumindest einmal in der Woche ein **gemeinsames Mittag- oder Abendessen**. Du darfst dich nicht schuldig fühlen, wenn du die Kinder manchmal früher ins Bett bringst, um etwas mehr Zeit für dich selbst zu haben.

# „Ich-Zeiten" einplanen

Die Arbeit nimmt uns heutzutage sehr in Anspruch, und es scheint, als würden **Mütter, die auch einer Arbeit nachgehen, die größte Bürde tragen.** Wir arbeiten im Durchschnitt jeden Wochentag zwei Stunden länger als unsere Partner und an Wochenenden drei Stunden länger, da wir uns um die Kinder und den Haushalt kümmern. Deshalb ist es schwierig, ein gesundes Gleichgewicht zu finden, das uns in schwierigen Lebenslagen trägt.

Fange jetzt damit an, indem du dir **Zeit nimmst, über die Lebensqualität deiner Familie nachzudenken,** und überlege, was du tun kannst, um die nötigen Schritte einzuleiten, die zur Lösung offensichtlicher Probleme beitragen. Hier ein Acht-Schritte-Plan, um wieder in Schwung zu kommen:

## 1 VERBANNE DEN STRESS

Es ist unmöglich und auch unerwünscht, den ganzen Stress aus unserem Leben zu verbannen. Wenn der Stress richtig gehandhabt wird, motiviert er uns eigentlich und lässt unseren Adrenalinpegel ansteigen. Doch wenn er nicht richtig geleitet wird oder eine Situation sich anfühlt, als würde sie unserer Kontrolle entgleiten, **kann der Stress unserer Gesundheit schaden.**

Finde heraus, was dich tagtäglich stresst, ob es dein Chef ist oder die mangelnde Hilfe deines Mannes im Haushalt. Danach finde heraus, wo du die Stressauslöser aus deinem Leben verbannen oder verringern kannst. Wenn sie nicht beseitigt werden können, frage dich, **ob du die Art, wie du darauf reagierst, ändern kannst,** damit sie dich nicht so aus der Fassung bringen.

## 2 MACH ES DIR EINFACH

Wir alle neigen dazu, unsere Terminkalender vollzupropfen, und rennen dann von einem Ort zum anderen oder sagen in letzter Minute etwas ab. Bedenke, du musst nicht jede Minute deines Tages aktiv sein. **Gehe keine Verpflichtungen ein, es sei denn, sie sind wichtig**. Gewöhne dich daran, zu Dingen, die du nicht willst oder für die du keine Zeit hast, nein zu sagen, und fühle dich dabei nicht schuldig. Sei kein Telefonsklave – dafür haben wir Anrufbeantworter.

## 3 GENIESSE DEN SPASS

Ständig arbeiten, ohne zu spielen, lässt Frauen abstumpfen. Wenn du es zulässt, dass deine freie Zeit verkürzt wird, wirst du feststellen, dass deine Beziehungen anfangen, darunter zu leiden. Nimm dir also Zeit, um Spaß zu haben. Lese mit deinen Kindern, knuddle dein Baby, spiele „Mensch ärgere dich nicht" oder schaue einen Lieblingsfilm mit deinem Mann an.

Lebe den Augenblick voll aus. **Zeige deiner Familie, wie wichtig sie für dich ist,** und nimm dir täglich für jeden Einzelnen Zeit.

## 4 SEI DISZIPLINIERT

**Sei mit deinem Feierabend genauso konsequent** wie im Büro. Wenn du von der Arbeit nach Hause kommst, versuche für den Rest des Tages alles, was die Karriere betrifft, ganz hinter dir zu lassen. Nimm dir morgens eine bestimmte Menge an Zeit, in der du dir erlaubst, wieder über die Arbeit nachzudenken, und widme stattdessen abends deine Gedanken lieber deinem Haus und deinem Privatleben.

## 5 TEILE DIE LASTEN

Lass uns eine Sache klarstellen: Partner und Kinder, selbst Kleinkinder, können im Haushalt helfen. Setzt euch als Familie hin, entscheidet, wo die Prioritäten im Haushalt liegen, und **verteilt die Jobs**. Macht es dir wirklich was aus, wenn deine Jalousien seit einem Monat nicht mehr gereinigt worden sind? Sehen andere das auch so?

Verteile altersgerecht Aufgaben an deine Kinder, damit sie sich zur Selbstständigkeit entwickeln. Die Lasten zu teilen heißt, dass du **mehr Zeit für alle** und ein ruhigeres und friedvolleres Haus haben wirst.

## 6 MACH LANGSAM

Wir alle haben manchmal das Gefühl, in viele verschiedene Richtungen gezerrt zu werden und am Platzen zu sein. Wenn du das Gefühl hast, dass du nicht allen gerecht werden kannst, frag dich: „Was ist für mich das Schönste und Befriedigendste, das ich für mich und meine Familie tun könnte?"

Gib anderen Gedanken über Aktivitäten, die reine Zeitverschwendung sind und dir nichts bedeuten, keinen Raum. Stattdessen **konzentriere dich lieber auf die Dinge in deinem Leben, die dir wirklich wichtig sind**. Stelle an dich und die anderen realistische Erwartungen. Lerne, dich anzupassen und das, was du nicht länger brauchst, loszulassen.

## 7 VERWÖHNE DICH SELBER

Achte auf deinen Körper, so wird er mit dem Alltagsstress leichter fertig. Eine ausgewogene Ernährung, regelmäßige Bewegung und viel Schlaf können Wunder wirken und deinen Energie-Level steigern.

## 8 ZIEHE REGELMÄSSIG BILANZ

Bevor du ins Bett gehst, nimm dir einige Minuten Zeit, über den vergangenen Tag nachzudenken und dir den vor dir liegenden Tag durch den Kopf gehen zu lassen. Dies ist auch eine tolle Zeit, über alles, was du erreichen willst, nachzudenken, da es dir helfen wird, das Wichtigste im Auge zu behalten. Behalte den Ablauf der Dinge im Auge. Zukunftspläne werden dir das Gefühl geben, alles in deinem Leben unter Kontrolle zu haben.

# Zu Hause bleiben oder zurück zur Arbeit?

Eine der schwierigsten Entscheidungen für frischgebackene Eltern ist die Entscheidung, ob sie die Arbeit wieder aufnehmen oder zu Hause beim Baby bleiben sollen.

Für einige wurde diese Entscheidung schon getroffen, da ihre **Finanzen ihnen diktieren**, dass sie ihre Arbeit wieder aufnehmen müssen. Bei anderen tragen viele Faktoren zur endgültigen Entscheidung bei.

Wenn es dir möglich ist, zu Hause zu bleiben, wird dies auf vielerlei Weise belohnt. Einer der größten Vorteile ist der, **zu sehen, wie dein Kind aufwächst.**

Tappe aber nicht in die Falle, zu glauben, dass das Daheimbleiben auf alle Fälle besser für dein Kind ist, statt arbeiten zu gehen. Ganz besonders, wenn du bereits weißt, dass du dich letztendlich **langweilst und frustriert** sein wirst, auch wenn du dein Baby noch so sehr liebst. Das ist weder für dich noch für dein Kind gut.

Egal, was dabei herauskommt, du wirst immer von Schuldgefühlen geplagt.

Eine sichere Möglichkeit, dagegen anzukommen, ist, eine Entscheidung zu treffen, sich daran zu halten und, noch viel wichtiger, es zu akzeptieren. Bedenke immer: **Richte nie über andere Frauen**, die sich anders entschieden haben.

# Zu Hause arbeiten

**Bist du wirklich bereit, den Versuch zu wagen, dein eigener Boss zu sein?**

Nicht länger täglich pendeln, an endlosen Meetings teilnehmen und nicht länger die Büroklüngeleien mitmachen zu müssen ist für einige ein wahr gewordener Traum. Wird aber diese Realität auch wirklich zu dir passen? Bist du bereit, dein eigener Boss zu sein und von zu Hause aus zu arbeiten? Stelle dir die folgenden Fragen, um herauszufinden, ob dieser Lebensstil wirklich zu dir passt:

## 1 BIST DU UNABHÄNGIG?

Menschen, die erfolgreich von zu Hause aus arbeiten, neigen im Grunde ihres Herzens zum Individualismus. Sie haben entweder entschieden, selbstständig zu arbeiten, oder sie wurden in die Selbstständigkeit gedrängt und haben dabei entdeckt, dass sie das mögen.

## 2 KANNST DU DEINE EIGENE ZEIT GUT VERWALTEN?

Dies ist eine äußerst wichtige Gabe, wenn du dein eigener Boss sein willst. Es wird keiner mehr hinter dir stehen, der sich darum kümmern, dass du die Fristen einhältst, es liegt nur noch an dir!

## 3 GENIESST DU DIE ABWECHSLUNG?

Glückliche Freiberufler finden die Monotonie schnell langweilig. Sie wählen ihre Aufgaben so, dass sie nicht immer wieder dasselbe tun müssen. Selbstständig zu arbeiten heißt ständige Abwechslung und neue Herausforderungen.

## 4 WILLST DU DIR NEUE KENNTNISSE ANEIGNEN?

Von zu Hause aus gut zu arbeiten heißt, sich ununterbrochen neue Kenntnisse anzueignen, um wettbewerbsfähig zu bleiben und genügend neue Kunden und Auftraggeber zu erreichen.

## 5 MÖCHTEST DU EIN **GESUNDES GLEICHGEWICHT** ZWISCHEN DEINER **ARBEIT UND DEINEM LEBEN** HABEN?

Die meisten Menschen, die sich für die Selbstständigkeit entscheiden, sind auf der Suche nach einer besseren Möglichkeit, ihr berufliches und persönliches Leben miteinander zu verbinden. Da Menschen, die selbstständig arbeiten, Herr über ihre eigene Zeit sind, ist es für sie **leichter, sich Zeit für ihre Familie, ihre Hobbys und andere persönliche Interessen zu nehmen.** Das Schöne an der Selbstständigkeit ist, dass man arbeitet, wann man will oder muss.

## 6 HASST DU BÜROKLÜNGELEIEN?

Einer gemeinen, gehässigen, konkurrenzkampfmäßigen Atmosphäre zu entfliehen kann für viele verlockend sein. Du kannst dich, ohne all die komplizierten Klüngeleien, mit denen sich viele Vollzeit-Angestellte in ihrem Kampf um bessere Positionen herumplagen, **auf deine Arbeit konzentrieren.**

## 7 IST DIE ARBEIT VON **ZU HAUSE** EINE GUTE **FINANZIELLE STÜTZE** FÜR DICH?

Anfangs werden viele der selbstständig arbeitenden Menschen feststellen, dass **ihr Einkommen zurückgeht.** Du musst dich hinsetzen und herausfinden, welches das Mindestgehalt pro Monat für dich ist, und dir überlegen, ob du das schaffen kannst.

Wenn du als Mutter Teilzeit von zu Hause arbeiten willst, dann teile dein benötigtes monatliches Einkommen durch 80 (20 Stunden die Woche, vier Wochen), und dann wirst du sehen, wie viel du pro Stunde verdienen musst, entweder als Festpreis für ein Projekt oder als Stundensatz.

Überprüfe deine derzeitigen Ausgaben und überlege, wo du etwas sparen kannst. Danach **schätze ab, was du für den Anfang benötigst,** und bedenke, dass du je nach Art der Arbeit vielleicht schon einen PC und ein Telefon für den Job, den du tun willst, hast.

## So wird die ARBEIT VON ZU HAUSE aus ZUM ERFOLG

**BRICH DEN KONTAKT ZUR AUSSENWELT NICHT AB.** Anfangs wirst du die Heimarbeit ohne den sozialen Aspekt, den die Arbeit im Büro mit sich bringt, etwas eintönig finden. Du kannst dieses Problem minimieren, indem du:

- dir Zeit für Gemeinschaft nimmst und neue Menschen kennen lernst. Ganz besonderes dann, wenn du alleine wohnst. Man kann schnell ein Einsiedlerleben führen, tappe also nicht in diese Falle. Gehe zum Mittagsessen und auf Drinks am Nachmittag aus.
- Wenn du Freiberufler bist, organisiere gelegentlich ein Treffen mit denjenigen, für die du arbeitest. Der persönliche Kontakt zählt viel mehr als E-Mails oder Telefongespräche.

## SEI NETT ZU DIR SELBST

Von den anderen Familienmitgliedern umgeben zu sein lenkt dich viel zu leicht von der Arbeit ab. Wenn du dich daran gewöhnt hast, solange du zu Hause bist, den ganzen Tag immer wieder ein bisschen was im Haushalt zu tun, **musst du lernen, ihn zu ignorieren.** Wenn alle im Hause in die Arbeit gehen, ist es einfach, die Routinejobs aufzuteilen, wie zum Beispiel auf der Basis: „Wer zuerst zu Hause ist, spült ab oder kocht". Wenn du zu Hause bleibst, wird es komplizierter.

Selbst in den gleichgestellten Beziehungen behält einer der Partner das, **was getan werden muss, immer mehr im Auge**. Wenn du diejenige bist, hast du am Ende zwei Jobs, die keine Anfangs- und Schlusszeiten haben. Also:

- Gehe mit deiner Arbeitzeit genauso ernsthaft um wie mit der Zeit im Büro.
- Lerne die Hausarbeiten zu ignorieren, bis du deinen Job erledigt hast.
- Ermutige die Kinder und den Partner, mehr zu helfen.

## DIE RICHTIGE AUSSTATTUNG

Es ist äußerst wichtig, in die richtige Ausrüstung zu investieren, wenn man erfolgreich sein eigener Boss sein will.

★ **Stelle dich nicht mit Dingen zufrieden,** die für den Moment gut sind. Wenn du am Küchentisch arbeitest, verschwendest du mit dem Aufräumen am Abend und dem Aufstellen am Morgen viel Zeit.

★ **Trenne deinen Arbeitsbereich vom Schlafbereich ab.** Am besten wäre ein Ort, an dem du die Türe hinter dir schließen kannst, wenn du vom Rest der Welt in Ruhe gelassen werden willst.

★ **Eine separate Telefonleitung zu installieren** ist eine wirksame Möglichkeit, die Arbeit vom Privatleben zu trennen. Wenn du mit der Arbeit aufgehört hast, lass den Anrufbeantworter deine Anrufe entgegennehmen und genauso auch für dein privates Leben, während du arbeitest.

## BESORGE HILFE FÜR DIE KINDER

Denke gut darüber nach, wenn du planst, deine Arbeit und die Versorgung einer jungen Familie miteinander in Einklang zu bringen. **Du kannst nicht arbeiten, wenn du kleine Kinder zu Hause hast.** Sie brauchen viel zu viel Aufmerksamkeit. Lass also keine Schuldgefühle zu, weil du einen Babysitter einstellst, wenn du zu Hause arbeitest.

## FÜNF TRICKS, die dein Zuhause in ein WIRKLICHES BÜRO VERWANDELN

1. **Wähle einen Raum, den du abschließen kannst,** nachdem du deine Arbeit für den Tag abgeschlossen hast. Wenn das nicht möglich ist, stelle zumindest sicher, dass die kleinen Händchen unmöglich deinen Schreibtisch durcheinander bringen können.

2. **Stehe eine halbe Stunde früher auf** und verrichte die Arbeiten im Haus, bevor du an die Arbeit gehst.

3. **Pflege deinen Egoismus und lerne, nein zu sagen.** Nur weil dein Haus in der Nähe der Schule ist, heißt es nicht, dass du immer die Kinder deiner Freunde abholen musst.

4. **Kleide dich arbeitsmäßig.** Wenn du jeden Tag einen ausgeleierten Pullover und eine Jeans trägst, wirst du faul und uneffizient. Ziehe beim Arbeiten andere Kleider als zu Hause an. Du brauchst keinen Anzug zu tragen, aber den ganzen Tag in deinem Pyjama herumzuhängen ist für deine Arbeit nicht förderlich!

5. **Schalte niemals das Fernsehgerät ein.** Tagsüber fernzusehen macht süchtig, und man kann sehr schnell in die Abhängigkeit geraten. Gehe kurz spazieren oder lies die Zeitung, um dich zu entspannen.

# Die Erfolgsleiter hochklettern und an die Grenzen stoßen

Trotz des Fortschritts, den die Frauen in den letzten 50 Jahren auf dem Arbeitsmarkt gemacht haben, **ist es für eine Frau immer noch schwerer, in eine höhere Position zu gelangen.** Und wenn sie dann dort angekommen sind, werden sie, laut aktuellen Statistiken, für GENAU den gleichen Job, schlechter als ihre männlichen Pendants bezahlt. Also ist es noch ein weiter Weg bis zur Gleichberechtigung.

Es ist tatsächlich so, dass man den Eindruck hat, als würden sich einige Unternehmen immer noch im frühen Mittelalter befinden, wenn es um die Unterstützung für berufstätige Mütter geht. Das heißt aber nicht, dass man seine Karriere nicht in die Hand nehmen kann. Man kann vieles tun, um sich bei der Arbeit zu profilieren, und das heißt nicht, dass man jeden Abend Überstunden machen muss. Hier einige clevere Tipps, **um auf sich aufmerksam zu machen …**

## KNÜPFE SCHAMLOS KONTAKTE

Du musst im ganzen Unternehmen bekannt werden, **da es sich positiv auf zukünftige Beförderungen und Gehaltserhöhungen auswirken kann.** Wenn du die Aufgabe hast, einen Ausschuss zu leiten, suche dir Leute außerhalb deines Arbeitsbereiches aus und selbstverständlich Menschen, bei denen du der Ansicht bist, dass es gut ist, sie kennen zu lernen.

Bedenke jedoch, der Arbeitsplatz ist nicht der einzige Platz, an dem man Kontakte knüpfen kann. Andere Eltern aus der Schule, in die deine Kinder gehen, Nachbarn, lokal ansässige Händler, die Lehrer und Erzieher deiner Kinder bilden alle zusammen ein starkes und weit reichendes Netzwerk, auf das du zurückgreifen kannst. Die anderen Mütter in der Schule und deren Ehemänner werden dir eine Tür zu immer mehr sozialen und möglicherweise beruflichen Kontakten öffnen.

## MACH DICH UNERSETZBAR

Versuche die zukünftigen Entwicklungen in deinem Arbeitsbereich vorauszusehen. Fange an, dir selber die nötigen Kenntnisse beizubringen, und sprich darüber. So kannst du dich sicher in der Arbeit profilieren.

## ÜBERNIMM NICHT ALLES

Wähle dir die Projekte, die du übernimmst, sorgfältig aus und konzentriere dich darauf, sie gut auszuführen, statt zu versuchen, überall präsent zu sein.

## MACHE DIE ARBEIT, DIE KEIN ANDERER TUN WILL

Wenn es einen bestimmten Job gibt, vor dem sich jeder drückt, der aber das Potenzial hat, dir viele Pluspunkte zu verschaffen, dann übernimm den Job. Auch wenn du nur halbwegs erfolgreich bist, machst du dich bemerkbar als eine motivierte Person, die bereit ist, ein Risiko auf sich zu nehmen.

## NIMM DEINE EIGENE KARRIERE IN DIE HAND

Befördert zu werden heißt, mehr als mühelos voranzukommen und nur das Minimum zu tun und dabei insgeheim zu hoffen, dass irgendjemand dein unentdecktes Potenzial sehen wird. Wenn du Pech hast, wird dein Chef sich wahrscheinlich keine Zeit nehmen, dich voranzubringen, das heißt, es liegt an dir, dich weiterzuentwickeln und voranzukommen.

# Als Frau erfolgreich sein

## Wie man sich DURCHSETZT, ohne dabei aggressiv zu sein

Schau dir deine Freunde und Kollegen an.
**Du kannst immer genau sagen, wer Macht hat.**

Eine Frau, die ihre Kraft weise einsetzt, vermittelt das Gefühl, dass jede Arbeit zu ihr passt. Sie fürchtet sich nicht, Menschen in die Augen zu sehen und ihrem Blick standzuhalten. Sie braucht keine intimen Freundschaftsbeziehungen auf der Arbeit zu pflegen und neigt dazu, freundlich, aber etwas distanziert zu bleiben. Sie zieht sich schick an und sieht immer tadellos zurechtgemacht aus. Sie klagt und beschwert sich nie und bringt ihre persönlichen Probleme nie ins Büro mit. Hier einige Tipps, wie du deine **Power-Quote am Arbeitsplatz steigern kannst:**

### VERHALTE DICH SO, ALS HÄTTEST DU BEREITS DAS, WAS DU HABEN WILLST

Dich ruhig so zu verhalten, als hättest du schon, was du haben willst, heißt, verantwortungsvoll loszugehen und nicht nervös zu wirken. **Höre auf, passiv-aggressiv zu sein** – Menschen, die keine Macht haben, vermitteln oftmals den Eindruck, keine Zeit zu haben. Wenn du den Eindruck, hast, ständig abgehetzt zu sein, ist das Problem vielleicht nicht der Zeitmangel, sondern das Gefühl, die Kontrolle verloren zu haben.

### FINDE DIE RICHTIGE BALANCE

Es gibt Zeiten, in denen du nein sagen musst, und du tust das nur zu Recht. Manchmal jedoch **kann das Ja-Sagen viel kraftvoller sein.** Auch wenn du an deine Grenzen stößt und das auch noch vorantreibst.

### WENN DU NICHT FRAGST …

Dies ist die einfachste und dennoch effektivste Taktik. **Bitte um mehr, als du erwartest.** Die meisten Frauen bitten um weniger, als sie wollen, und sind enttäuscht, wenn ihnen nicht mehr angeboten wird. Verlange oder akzeptiere nicht weniger, als du in Wahrheit verdienst.

## Wie bekommt man, WAS MAN WILL?

1 **SCHWANKE NICHT**

Meide es, in dem, was du willst, wischiwaschi zu wirken. Viel zu oft entschuldigen wir uns, reden uns heraus, bringen aufwändige Erklärungen oder reden um den heißen Brei und vermitteln der Person, die uns zuhört, eine verschleierte Botschaft.

2 **SEI DIREKT**

Überleg dir im Voraus, was du sagen willst, und sprich es dann so klar und deutlich, wie du kannst, ohne jeden Schnickschnack, aus. Dabei solltest du dich anhören, als wüsstest du, was du willst oder denkst, und die Menschen werden dir glauben und wissen, woran sie bei dir sind.

3 **SPRICH WENIGER**

Je weniger Wörter du gebrauchst, desto stärker ist der Eindruck. Mächtige, effektive Frauen fassen sich immer kurz. Bedenke, dass clevere Menschen viel lieber zuhören als reden.

4 **SEI POSITIV**

Achte darauf, freundlich und warm, aber nicht aufgesetzt zu wirken. Lächle, wenn du jemanden um etwas bittest, und bedanke dich immer danach.

5 **HALTE BLICKKONTAKT**

Jeder wird dich viel ernster nehmen und sich deinen Erwartungen gegenüber klarer ausdrücken, wenn du den Menschen in die Augen guckst und dem Gespräch, egal wie lang es auch sein mag, die volle Aufmerksamkeit schenkst.

## Fünf Tricks, um eine schlaffe Karriere in SCHWUNG ZU BRINGEN

### 1 STELLE KEINE FRAGEN, DIE DU NICHT BEANTWORTEN KANNST

Ja, es ist leichter, deinen Chef zu fragen, wenn du unsicher bist oder seine Zustimmung brauchst, aber frage dich nächstens selber, bevor du deinen Chef fragst. Wird er dir eine bessere Antwort geben, als du sie geben kannst? In den meisten Fällen wahrscheinlich nicht. Du kennst deinen Job besser als jeder andere; lass dir was einfallen und überlege zuerst.

### 2 PRÄSENTIERE EIN PROBLEM NUR, WENN DU EINE LÖSUNG HAST

Es nervt, wenn Menschen mit Problemen zu einem kommen und eine Lösung erwarten. Hier gilt das Gleiche: Gehe mit deinem Problem nicht zu deinem Chef, wenn du davor nicht zumindest zehn Minuten über eine mögliche Lösung nachgedacht hast. Es wird deinen Chef beeindrucken, wenn du mit einem komplizierten Anliegen zu ihm gehst und Vorschläge zur Lösung des Problems vorbringst.

### 3 ENTSCHULDIGE DICH NICHT

Wenn du dich gleich am Anfang entschuldigst, wirkst du schwach. Stattdessen konzentriere dich lieber auf das, was du gelernt hast, statt auf das, was du falsch gemacht hast.

### 4 WEINE ODER SCHREIE NIE

Der Arbeitsplatz ist nicht der Ort, an dem du deine Gefühle zeigst. Verschicke auch keine E-Mail, wenn du verärgert oder frustriert bist. Schreibe deine Antwort sofort auf, aber verschick sie nicht. Warte mindestens eine halbe Stunde und lese sie danach noch einmal durch. Mit neunzigprozentiger Wahrscheinlichkeit wirst du dich beruhigen, und danach kannst du eine viel besser durchdachte Antwort verschicken.

### 5 ERFÜLLE AUCH ZUSÄTZLICHE AUFGABEN

Wir alle werden mit Aufgaben betraut, die außerhalb unseres Aufgabenbereichs liegen. Aber sich neuen Herausforderungen zu stellen ist eine gute Sache. Du wirst vielleicht etwas Neues lernen, und dein Chef wird von deinem Teamgeist beeindruckt sein.

## Der berufliche AUFSTIEG

- Stelle sicher, dass du deinen Job in- und auswendig kennst.
- Finde heraus, wie weit du in deinem Unternehmen aufsteigen kannst.
- Bemühe dich um Kontakte zu den Kollegen in der Abteilung, in der du später arbeiten willst.
- Lächle – Enthusiasmus für den Job ist ansteckend und macht dich zu einer Person, mit der man gerne zusammen sein will.
- Sei allezeit pünktlich, smart und verlässlich.
- Schau nicht ständig auf die Uhr – Bosse hassen solche Menschen!
- Nimm alle Fortbildungsmöglichkeiten wahr und versuche, selber welche ausfindig zu machen.

# Von der Mutti zur Managerin – die Umstellung überleben

Nach einigen Monaten Mutterschaftsurlaub oder sogar noch längerer Auszeit wieder in die Arbeitswelt zurückzukehren, **kann beängstigend sein.** Bist du vielleicht rausgekommen? Hast du alles bis aufs Spielen mit Spielsachen und Kindernahrung-Zubereiten vergessen?

**Probiere folgende Tricks aus, die dir die Umstellung leichter machen:**

## FINDE DEINEN WERT HERAUS

Stelle eine **Bestandsliste deiner Gaben** auf und schreibe alles auf, was du gut kannst. Verachte keine deiner Fähigkeiten oder Erfahrungen, nur weil sie nichts mit der Arbeit im Büro zu tun haben. Was ist, wenn du Hausfrau warst, Elternabende oder Geburtstagspartys organisiert hast? Beides zeigt, dass du über Führungsqualitäten verfügst und etwas auf die Beine stellen kannst.

## KEHRE WIEDER IN DEINEN ALTEN JOB ZURÜCK

Das wird dir die Rückkehr in die Arbeitswelt erleichtern. Wenn die Arbeit Spaß macht, wird die Arbeit nicht so stressig sein. Du weißt, was dich erwartet, die Leute sind dir nicht fremd, selbst die Fahrt in die Arbeit kommt dir bekannt vor. Wenn du dir nicht so sicher bist, entscheide dich für einen **Halbtagsjob** oder arbeite zuerst als Freiberuflerin und bedenke, dass du dich weiterentwickeln kannst, sobald dein Selbstvertrauen wiederhergestellt ist.

### LERNE SO VIEL DU KANNST, SOLANGE DU ZU HAUSE BIST

Die Kinder füttern, die Windeln wechseln und den Haushalt in Schwung bringen ist ein Vollzeitjob, aber wenn du noch etwas freie Zeit hast, **lese Bücher oder nimm an Abendkursen teil.** Das kann dir helfen, in deinem Bereich auf dem Laufenden zu bleiben.

### SCHULE DEINEN MANN UM

Durch deinen neuen Job wirst du feststellen, dass du deinem Mann weniger Zeit widmen kannst und er sich vernachlässigt fühlt. Während er sich daran gewöhnen muss, **achte auch du darauf, dir Zeit für ihn zu nehmen.** Das männliche Ego kann sehr fragil sein, sei also vorsichtig und lass ihn an allem teilhaben.

### BEREITE DEINE KINDER DARAUF VOR

Sie sind diejenigen, die ihre Mutti am meisten vermissen werden. Stelle dich auf Wutanfälle ein, aber sage ihnen, dass du erreichbar bist. **Lass sie immer wissen, wann du zu Hause bist,** und gleiche die verlorene Zeit aus, wenn du wieder da bist. Bedenke, es ist gut, wenn sie selbstständiger werden.

### BESORGE HILFE

Versuche nicht, eine Supermutter zu sein, indem du alles selber machst. Stelle dich auf Konflikte ein, da jeder sich auf das Arbeitsprogramm umstellen muss. Setze dich mit deiner Familie hin und sprecht über die Hausarbeiten und die Kinderbetreuung, bevor du deine Arbeit wieder aufnimmst. Mache klar, dass die Jobs auf den Partner oder die älteren Kinder aufgeteilt werden müssen. Spanne die Großeltern oder Freunde ein, wenn ihr beide bis spät arbeiten müsst.

# Was kann man tun, wenn dein Vorgesetzter jünger ist als du?

Es ist leicht möglich, dass deine damaligen Kollegen sich weiterentwickelt haben, während du im Mutterschaftsurlaub warst und dich um die Kinder gekümmert hast. **Der Schlüssel liegt darin, nicht eifersüchtig zu sein;** denke nie, dass du deine Position um deiner Kinder willen geopfert hast. Du hattest zumindest die Möglichkeit, eine Bindung zu ihnen aufzubauen und sie aufwachsen zu sehen. Wenn du dich bewährst und gute Ergebnisse erzielst, wirst du genauso wie jeder andere Angestellte belohnt. Deine Kollegen einzuholen sollte dann nicht länger ein Problem sein. Es dauert nur etwas länger.

Du wirst bei deiner Rückkehr in die Arbeit vielleicht feststellen, dass dein Vorgesetzter jünger ist als du. Das kann ein Schlag ins Gesicht für dein Ego sein, aber deine Fähigkeiten können dessen Mangel an Erfahrung ausgleichen. Du wirst vielleicht anhand deiner Erfahrungen, die du gemacht hast, feststellen, dass du **über viel mehr Fähigkeiten verfügst als eine jüngere Person,** dass du viel verhandlungssicherer bist, über weiter reichende und starke persönliche Kontakte verfügst und das Selbstbewusstsein besitzt, das sich unter dem Druck, gleichzeitig mit vielen Aufgaben fertig zu werden, herauskristallisiert hat. Wenn du mit deiner Position unzufrieden bist und dich unsicher fühlst oder den Eindruck hast, einen großen Schritt rückwärts gemacht zu haben, gibt es einige Dinge, die du tun kannst, um das alles etwas leichter zu machen.

ESTATE

**Eigne dir neue Kenntnisse an,** damit die jüngeren Kollegen dich nicht für dumm verkaufen können. Wenn du nach einer langen Auszeit mit neuen ultramodernen Kenntnissen, die gerade eben erst eingeführt wurden, in die Arbeitswelt wieder zurückkehrst, wirst du deinen Kollegen überlegen sein, und das wird dein Selbstwertgefühl steigern.

Verändere dich. Höre auf, die alten Methoden mit den neuen zu vergleichen. **Halte deinen Sinn für Mode immer up-to-date.**

Schule deine Vorgesetzten, egal wie groß der Altersunterschied auch sein mag. **Entwickle dich zu einer Quelle neuer Ideen.** Gib weiter, was du weißt, aber verachte und behandle niemanden herablassend.

**Mache Werbung in eigener Sache.** Jetzt ist die Zeit, deinen Vorgesetzten zu umgarnen. Stelle sicher, dass so viele Vorgesetzte wie möglich wissen, wer du bist und was du machst.

Fürchte dich nicht, deine Anliegen zu besprechen. Plane ein Treffen mit deinem jüngeren Vorgesetzten, um deine Anliegen vorzubringen. **Versuche, Lösungen zu bringen.** Wenn du deine Anliegen publik machst, hilft es dir, Lösungen zu finden.

Der Schlüssel zum Erfolg ist, **deiner jüngeren Managerin von Anfang an Respekt zu erweisen.** Wenn deine Vorgesetzte ein kompetente Managerin ist, dann arbeite mit ihr zusammen, genauso wie du mit jedem anderen Manager arbeiten würdest. Wenn sie nicht kompetent ist, wird sie aller Wahrscheinlichkeit nach nicht allzu lange in der Position bleiben, und dann wirst du mit ihrem Nachfolger arbeiten können oder den Job selbst übernehmen!

# Wie geht man mit einem schwierigen Vorgesetzten um?

Wir haben alle schon schlechte Vorgesetzte gehabt.

Einige von ihnen sind furchterregend, andere sind demütigend, **oder für andere ist es nie genug,** egal wie viel du arbeitest. Tatsache ist, du brauchst keinen neuen Job, du brauchst einen neuen Vorgesetzten. So kannst du mit den fünf häufigsten Typen auskommt.

## 1

### DER **VIELVERSPRECHER**

Er deutet ständig auf Gehaltserhöhungen oder Beförderungen hin, wenn du nur „etwas mehr arbeiten würdest", danach hebt er die Hürde an und sagt dir, dass du nur ein wenig höher springen musst, sobald du dich dem Ziel näherst.

***Lösung***

Bitte deinen Chef, dir alles schriftlich zu geben.

## 2

### DER RÜPEL

Dieser Chef hat eine außergewöhnliche Gabe, dich klein zu machen, er liebt es, dich anzuschreien und dich einzuschüchtern.

***Lösung***

Um mit ihm auszukommen, musst du freundlich zu ihm sein, aber wenn es sein muss, musst du deine Stellung behaupten. Es ist immer schwierig, rüpelhaft mit einem umzugehen, der freundlich und höflich zu einem ist.

## 3

### DER MISTKERL

Er verachtet die meisten Angestellten im Büro und tratscht immer und über jeden.

***Lösung***

Mach klar, dass du kein negatives Geschwätz über andere hören willst.

# 4

## DER VOLLKOMMENE WORKAHOLIC

Er geht in seinem Job auf und erwartet das Gleiche auch von dir, selbst wenn das bedeutet, kein Privatleben mehr zu haben. Er hat kein Verständnis für Kinder, familiäre Verpflichtungen oder Krankheit.

***Lösung***

Setze fest, wann dein Arbeitstag aufhört, und lass dich nicht beirren. Werde dir deiner Rechte als Arbeitnehmer bewusst und erinnere deinen Chef daran, wenn das nötig ist.

# 5

## DER MY-WAY- ODER HIGHWAY-TYP

Das ist ebenfalls ein Workaholic, der keine Einsicht, keine Vision und keinen Überblick hat. „Richtig" heißt für ihn „auf seine oder ihre Art und Weise".

***Lösung***

Nimm es nicht persönlich. Diese Person behandelt jeden auf die gleiche Weise. Du wirst deine Gehaltserhöhung bekommen, nicht rechtzeitig, aber du wirst sie bekommen.

# Nimm dir den Karrierewechsel vor, den du schon immer wolltest.

Sich auf ausgefahrenen Gleisen zu bewegen heißt, Dinge am Laufen zu erhalten, **existieren statt leben,** nur für Geld statt aus aufrichtiger Freude am Job zu arbeiten. Um herauszufinden, ob du damit gemeint bist, beantworte die folgenden drei Fragen:

**1** Findest du deinen Job aufregend und interessant?

**2** Erfordert er das Beste, das du zu bieten hast?

**3** Freust du dich die meiste Zeit darauf, zur Arbeit zu gehen?

Wenn du die meisten Fragen mit „nein" beantwortet hast, **bist du irgendwo festgefahren,** und es ist Zeit, etwas Neues anzufangen.

**Warum?** So bequem es auch ist, sich auf ausgefahrenen Gleisen zu bewegen, wenn du darin zu lange verweilst, fängst du an zu glauben, dass es eigentlich genau das ist, was du verdienst, und dass das Leben nichts Besseres zu bieten hat.

Jeder verdient einen herausfordernden, interessanten und befriedigenden Job. Die gute Nachricht ist, dass es nicht so schwierig ist, wie man denkt, dem alten Trott zu entfliehen. Und so kannst du dem alten Trott entfliehen:

### 1 SEI EHRLICH ÜBER DEN JOB, DEN DU EIGENTLICH HABEN WILLST

Tief in deinem Innersten hast du vielleicht eine Vorstellung, auch wenn es nur eine vage Vorstellung ist, von dem, was du tun willst. Was hindert uns daran zuzugeben, dass es nur der Glaube ist, der die Vorstellung unerreichbar erscheinen lässt?

Wenn du selber immer wieder sagst, dass du niemals eine Firma führen, ein Selbsthilfebuch schreiben oder Salsa unterrichten könntest, **machst du es dir selber schwer, deine Träume zu erfüllen.**

### 2 STECKE DIR EIGENE ZIELE

Dein wichtigstes Ziel ist, deinen Lebensunterhalt damit zu verdienen, das zu tun, was du schon immer tun wolltest.

**Teile deine Ziele nun in kleinere Schritte ein** und teile danach auch diese in weitere Schritte auf.

Wenn du zum Beispiel im Büro arbeitest, aber eigentlich Akupunktur machen willst, musst du eine Schulung machen. Du musst herausfinden was alles dazugehört, wie viel das kostet und wo du das erlernen kannst.

### 3 SETZE DIR ZEIT-LIMITS

**Setze dir ein Zeit-Limit,** um alle deine Ziele zu erreichen. Wenn du also Yoga unterrichten willst, nimm dir zwei Wochen Zeit, alle Informationen zusammenzutragen, drei Monate für die Anmeldung und die Vorbereitung auf einen Kurs und zwei Jahre für die Qualifizierung und um dich selbstständig zu machen.

### 4 TU ES NUR!

Das ist der wichtigste Schritt überhaupt. Anzufangen und nicht locker zu lassen, **das heißt jeden Tag etwas Kleines zu tun,** um seinem Ziel etwas näher zu kommen. Anrufen, einen Brief schreiben, Nachforschungen anstellen, was auch immer dafür nötig ist.

Wenn es irgendetwas gibt, wovor du dich fürchtest oder vor dem du Angst hast, dann tu das zuerst und lass dir keine Zeit, darin zu lange zu verweilen.

# KAPITEL 4

# Kinder – mit und ohne sie leben!

# Was kannst du tun, wenn deine biologische Uhr tickt?

**„Will ich ein Baby bekommen?" und: „Wenn ja, wann?"**

Dies sind zwei der wichtigsten Entscheidungen, mit denen wir als Frauen konfrontiert werden. Während sich unsere Mütter schon in ihren 20er-Jahren damit beschäftigen mussten, spielen diese Fragen heute, aufgrund besserer Karrieremöglichkeiten und späterer Eheschließungen, erst im Alter von 30 bis 40 Jahren eine große Rolle.

Wenn du über 35 bist oder in keiner festen Beziehung lebst, ist natürlich die nächste wichtige Frage: **„Wie kann ich ein Baby bekommen?"**

Obwohl es bei jeder Frau anders ist, **scheint die Empfänglichkeit und die Wahrscheinlichkeit, ein gesundes Baby ab 35 Jahren zu haben, zu sinken.** Deshalb tickt unsere biologische Uhr in diesem Alter immer lauter. Heute sind viele Frauen Mitte 30, und dennoch sind sie immer noch unsicher, ob Mutter-Sein ihre Bestimmung ist. Andere wissen, dass sie dazu berufen sind, aber haben Partner, die das nicht wollen. Andere wiederum wünschen sich Kinder, haben aber Empfängnisprobleme.

Das kann so viel Stress verursachen, dass wir von den anderen wichtigen Dingen im Leben abgehalten werden, wie zum Beispiel unserem Job, den Freunden und Beziehungen.

Der Schlüssel, den Stress zu reduzieren, ist, eine für dich und deinen Partner passende Entscheidung zu treffen, egal was andere darüber denken. Auf den folgenden Seiten findest du einige Ratschläge, wie du damit umgehen kannst.

# Eine Entscheidung treffen ...

## DENKE DARÜBER NACH, ABER STEIGERE DICH NICHT HINEIN!

Wenn du viel Zeit damit verbringst, über die Gründe, die dafür oder dagegen sprechen, nachzudenken, bringt dich das nicht weiter. Du machst dich nur verrückt damit, da die Pros und Kontras sich gegenseitig aufwiegen.

Stattdessen denke tiefer und gefühlsbetonter über das Eltern-Sein nach. Frage dich selbst: **„Wie wichtig ist mir die Erfahrung, Mutter zu sein?"** Das ist was ganz anderes als der Wunsch, ein Baby haben zu wollen. Du magst vielleicht den Gedanken, schwanger zu sein, aber nicht die Aussicht, ein Kind 20 Jahre lang zu ernähren, zu kleiden und zu unterstützen.

## FRAGE DEINEN MANN, WAS ER WIRKLICH WILL

Als potenzieller Vater muss er realistische Erwartungen haben und dir all die Unterstützung bieten, die du brauchst. Er muss akzeptieren, dass du an Wochenenden nicht länger spontan freimachen oder nach Lust und Laune zum Abendessen ausgehen kannst. Ihr werdet weniger Geld für euch beide zum Ausgeben haben.

Am aller wichtigsten ist sicherzustellen, dass du aus der richtigen Motivation heraus ein Kind haben willst. Ein Hansaplast-Baby wird eine entfremdete Beziehung nicht heilen. Eltern-Sein kann sehr stressig werden und kann sogar Probleme ans Licht bringen, die du früher nicht sehen konntest, wie zum Beispiel unterschiedliche Erziehungsmethoden, unterschiedliche Ansichten über die Rolle der Eltern oder unterschiedliche Familienerwartungen.

## Was ist, wenn er dazu NICHT BEREIT ist?

Gib deinem Partner Zeit, wenn er überhaupt nicht bereit ist, Kinder zu haben, zwinge ihm nichts auf, und versuche nicht, ihn zu überzeugen, er muss es von sich aus wollen. Was auch immer du tust, **werde nicht „zufällig" schwanger.** Es mag verlockend klingen, aber es ist immer eine schlechte Idee.

Wenn du beabsichtigst, deine Einstellung zu ändern, **setze dir eine Frist**. Wenn diese Frist näher rückt, stelle dich auf eine herzzerreißende Entscheidung ein. Du wirst wahrscheinlich entscheiden müssen, was für dich wichtiger ist: das Baby oder die Beziehung. Unter dem Schlussstrich: Wenn du Kinder haben willst, brauchst du einen Partner, der das auch will.

**Wenn du dich doch entscheidest zu gehen**, verliere keine Zeit damit zu überlegen, ob du ihn mit deiner Überredungskunst nicht doch zu einem Sinneswandel veranlasst hättest oder ob er vielleicht umgedacht hätte, wenn du zufällig schwanger gewesen wärst. Wenn es dir gelungen wäre, ihn zum Eltern-Sein schubsend, schreiend oder, noch schlimmer, stillschweigend nachtragend zu überreden, würde eure Beziehung in Zukunft unter unerfüllten Erwartungen und bitterer Feindschaft leiden.

**Gehe los und erreiche das, was du willst. Du verdienst es.**

### MACH DIR NICHTS DRAUS, wenn du keine Babys willst

Einige Frauen starren die Kinder anderer Freunde an und verspüren dabei eine starke Lust, ein Baby zu haben, andere wiederum finden, dass Kinder nur schwer zu tolerieren sind, und müssen ein Lächeln erzwingen, wenn sie Kinder sehen. Keine dieser Einstellungen kann was darüber aussagen, ob du eine gute Mutter sein wirst oder nicht. **Es ist ein altes Klischee, aber es macht wirklich einen Unterschied, wenn es deine eigenen Kinder sind.** Wenn du also keinen starken Drang, Kinder zu haben, verspürst und dein Partner dem zustimmt, wirst du vielleicht den Erwartungen deiner Freunde nicht entsprechen. Wenn deine Freunde und deine Familie sehen, dass du glücklich bist und das Leben ohne Kinder genießt, werden sie sich weniger Sorgen machen. Wichtig ist, dass du glücklich bist. Stelle dich darauf ein, dass deine Gefühle hin und her schwanken und darauf, dass auch die Gefühle deines Partners sich ändern können.

## Was ist, wenn ich SINGLE bin?

Was muss eine Single-Frau tun, wenn ihre biologische Uhr tickt und kein Mann in Aussicht ist? Warum auch immer, wenn Single-Frauen anfangen, über ihren Kinderwunsch zu sprechen, ernten sie weniger Sympathie. **Bei diesem Thema schwingt immer ein leichter Tadel mit:** „Wenn du ein Baby haben willst, warum hast du nicht schon vor fünf Jahren darüber nachgedacht? Warum hast du nicht so und so geheiratet? Vielleicht hast du Bindungsängste."

Wie viele andere Single-Frauen auch, hast du vielleicht jahrelang in eine Beziehung investiert, die, wie du glaubtest, zu einer Familie führen sollte. Das ist jedoch nicht geschehen. **Also was nun?**

Es gibt verschiedene Möglichkeiten, zum Beispiel eine Adoption oder eine Samenbank. Obwohl viele Frauen nur widerwillig als Alleinerziehende enden wollen, musst du ernsthaft darüber nachdenken, wenn du die Erfahrung, Mutter zu sein, nicht missen willst. Denke daran, dass **die meisten Mütter, die sich entscheiden, ihr Kind alleine großzuziehen, es bereuen, dass sie sich nicht schon viel früher dafür entschieden haben.**

Offensichtlich ist es für Single-Frauen immer mehr akzeptabel, ein Kind zu haben. Statistiken zeigen, dass die Mehrheit der Single-Frauen nicht mehr Teenager sind, es sind 30-jährige oder sogar noch ältere Frauen.

## Mit DEINER ENTSCHEIDUNG leben

Nur weil du dich für ein Baby entschieden hast, wird nicht alles wie geschmiert laufen. **Die Empfängnis kann im Leben einer Frau eine der stressigsten und schmerzhaftesten Erfahrungen überhaupt sein.**

Wenn du spät dran bist, kannst du leicht in Versuchung geraten, dir selber oder sogar deinem Partner vorzuwerfen, dass ihr nicht früher angefangen habt. Es ist wichtig zu bedenken, dass ihr einen guten Grund hattet für die Entscheidung, die ihr zu dem Zeitpunkt und in der Situation getroffen habt. Du und dein Partner habt euch vielleicht entschieden zu warten, da ihr noch nicht in der Lage wart, ein Kind großzuziehen. Verliere das nicht aus den Augen und **versuche, die positive Einstellung beizubehalten.**

**Es ist äußerst wichtig, anderen Interessen nachzugehen,** somit steht das Kinderbekommen nicht im Vordergrund, und es ist nicht der einzige Sinn im Leben.

# Wie man das Leben mit einem Baby meistern kann

Die Umstellung vom kinderlosen Paar zum Eltern-Sein ist nicht leicht, insbesondere dann, wenn man sich spät dazu entschieden hat. Wenn man ein Leben lang für sich selbst gesorgt hat und es gewohnt war, das zu tun, wonach man Lust und Laune hat, **ist es schwer, dir plötzlich Zeit für dich selbst zu nehmen**. Dein Sexualleben kann sich ändern. Du musst die Verpflichtungen in der Familie und in der Arbeit unter einen Hut bringen, und ihr beide müsst euch einigen, wie ihr die Kinder erzieht.

Es ist eine aufregende, aber stressige Zeit der Anpassung, deshalb ist es wichtig, auf dich zu achten. Nachfolgend einige hilfreiche Ratschläge.

## SCHLAFE, WANN IMMER DU KANNST

Dies ist zweifelsohne die schlafloseste Zeit in deinem Leben, also ist es nun wichtig, so oft wie nur möglich die Augen zu schließen. **Schlafe, so oft du kannst, wenn dein Baby schläft.** Wechselt euch mit dem Füttern des Babys in der Nacht und der Verantwortung für das Baby tagsüber ab, damit ihr beide ungestört Pause machen könnt. Bitte auch die Familie und die Freunde, vorbeizukommen und nach dem Baby zu schauen, während ihr euch beide als frischgebackene Eltern ausruht.

## ERNÄHRE DICH GESUND

Ja, dein Baby zu füttern ist eines der wichtigsten Dinge, aber **achte darauf, dass du dich regelmäßig und gesund ernährst.** Bitte deine Familie und deine Freunde, dir das Mittagessen vorbeizubringen, oder bitte sie, dir während dieser stressigen Zeit beim Einkaufen zu helfen.

## GEHE AN DIE FRISCHE LUFT

Mach einen Spaziergang, setze dich in den Garten, besuche Freunde, **tue alles, um an die frische Luft zu kommen,** selbst wenn es nur einige Minuten am Tag sind.

## SEI REALISTISCH

Erwarte nicht zu viel von dir selbst. Es spielt keine Rolle, wenn die alltäglichen und langweiligen Routinearbeiten, wie zum Beispiel die Hausarbeiten und Einkäufe, unter der Woche liegen bleiben. **Du wirst irgendwann wieder zu dieser Routine zurückkehren.** Fürchte dich also nicht, jemanden in der Zwischenzeit um Hilfe zu bitten.

## VERWÖHNE DICH SELBST

Nimm dir Zeit für dich selbst und für deine geistige Gesundheit. Das heißt, dass du vielleicht deinen Partner oder die Freunde bitten musst, sich um das Baby zu kümmern, während du ein entspannendes Bad nimmst oder dir einige Stunden Zeit für dich nimmst, damit du deine Haare frisieren, Yoga machen oder ins Kino gehen kannst. Lass keine Schuldgefühle zu. Diese „Ich"-Zeit wird dir helfen, **als Mutter zufriedener und geduldiger zu sein.**

## VERBRINGE ZEIT MIT ANDEREN MÜTTERN

Als frischgebackene Mutter kann man sich sehr schnell vom Rest der Welt isoliert fühlen. Es kann sehr hilfreich sein, Menschen zu treffen, die sich in der gleichen Situation befinden. **Schließe dich einer regionalen Mutter-Kind-Gruppe an** oder komme mit anderen Pärchen aus dem Geburtsvorbereitungskurs zusammen, um eure Anliegen und Tipps auszutauschen.

## SORGE DICH UM DEINE ANDEREN KINDER

Ein neues Baby heimzubringen kann zu vielen Eifersüchteleien führen, wenn du bereits andere Kinder hast. **Um das zu verhindern, musst du ihnen täglich viel Aufmerksamkeit schenken.** Lass sie wissen, dass du sie liebst. Versuche sie so oft wie möglich mit einzubeziehen, damit sie das neue Baby kennen lernen.

## GENIESSE ES!

Darüber hinaus stelle sicher, dass du **aus dieser besonderen Zeit das Beste machst**, du wirst sie nicht wieder zurückdrehen können. Als frischgebackene Mutter wird man mit einer der schwierigsten und anspruchsvollsten Aufgaben, die man jemals hatte, konfrontiert, aber es beschert einem auch jede Menge Freunde.

# Vergiss deinen Mann nicht ...

Die Liebe, die man für das neue Baby fühlt, kann so stark sein, dass **dein Partner in den Hintergrund gedrängt wird.** So kannst du sicherstellen, dass er sich nicht vernachlässigt fühlt:

- **Nehmt euch Zeit zum Sprechen.** Werdet euch über die Zeit einig, es muss nicht lange sein, aber entscheidet euch für eine Zeit, die euch beiden passt, in der ihr nicht hungrig oder zu müde seid.
- **Hört einander längere Zeit ununterbrochen zu.** Einer von euch mag wohl fünf oder zehn Minuten über ein bestimmtes Problem oder über bestimmte Ängste sprechen wollen, während der andere sorgfältig zuhört, ohne den anderen zu unterbrechen. Danach bekommt dein Gegenüber die gleiche Zeit, um das Gleiche zu tun.

Es ist sehr wichtig, keine anklagenden und kritisierenden Wörter auszusprechen. Das Ziel ist, den anderen nicht anzugreifen oder zu untergraben, sondern **zu verstehen, wo das Problem liegt.** Sage „Ich fühle mich zurückgesetzt, wenn du nach der Arbeit in die Kneipe gehst, anstatt zu mir und dem Baby nach Hause zu kommen" statt „Ich bin wütend, weil du so viel Zeit in der Kneipe verbringst. Du hast dir nie Gedanken darüber gemacht, pünktlich nach Hause zu kommen, und seitdem wir das Baby haben, ist alles nur noch schlimmer geworden!"

Nachdem ihr euch gegenseitig zugehört habt, nehmt euch Zeit, um über das Gesprochene nachzudenken. Eure erste Reaktion ist vielleicht Ärger und Groll; es wir euch vielleicht zum Weinen zumute sein. Lasst diese Gefühle an euch vorbeigehen und konzentriert euch auf das, was euer Partner eigentlich gesagt hat, damit ihr seine oder ihre Gefühle besser verstehen könnt. Wenn ihr dann damit fertig seid, setzt euren gesunden Menschenverstand ein, um in aller Ruhe noch einmal über das Problem zu sprechen. **Versucht zu einer Lösung zu kommen, die euch beide zufrieden stellt.**

Sprecht darüber, wenn euer Sexualleben seit der Ankunft des Babys zu kurz gekommen ist. Lasst das Gefühl nicht zu, über Sex nur im Bett sprechen zu können. Es ist vielleicht einfacher, darüber auf dem Sofa zu sprechen.

**Bucht eine Nacht im Hotel** und verbringt zusammen eine ruhige Zeit, in der ihr an das denkt, was ihr anfangs am anderen hinreißend fandet.

# Eine ältere Mutter sein

Man sagt, dass das Leben mit 40 beginnt. Für viele Frauen heutzutage aber beginnt auch die Mutterschaft erst mit 40. Mehr Frauen als je zuvor lassen sich erst ab 35 Jahren darauf ein.

**Allerdings gibt es immer noch einige Vorurteile gegenüber älteren Müttern,** vor allem wegen der zunehmenden Gesundheitsrisiken für Mutter und Kind. Es ist aber wichtig zu bedenken, dass Babys im Allgemeinen von Müttern im Alter von 30 bis 40 Jahren geplant und lang ersehnt werden.

Ältere Frauen haben viel eher eine **sichere finanzielle Grundlage,** und in vielen Fällen haben sie auch eine längere und stabilere Beziehung. Sie haben die Möglichkeit, sich längere Zeit von der Arbeit frei zu nehmen und später wieder zurückzukehren.

Studien belegen, dass Kinder von älteren Müttern die **Geschicklichkeitstests besser bestehen,** und andere Studien belegen auch, dass ältere Mütter viel mehr bereit sind, ihr Babys zu stillen.

Man muss aber auch andere Dinge beachten, wenn man später Kinder bekommt. Zum Beispiel, wenn dein Kind zehn ist, wirst du 40 oder 50 sein, was heißen könnte, dass du weniger Energie hast, um mit den Anforderungen, die an Eltern gestellt werden, fertig zu werden. Es kann leicht möglich sein, dass du im Rentenalter, wenn alle deine Kollegen bereits ihren Ruhestand genießen, immer noch Hochschul- und Universitätsgebühren zahlen musst. Weitere Probleme sind die Unfruchtbarkeit, Fehlgeburten, Eileiterschwangerschaften, Fötus- und Chromosom-Anomalien und die hohe Wahrscheinlichkeit einer Frühgeburt, Totgeburt oder eines Kindstods.

Es besteht auch ein größeres Risiko für Krankheiten während der Schwangerschaft sowie zum Beispiel die Präeklampsie und die zunehmende Wahrscheinlichkeit der Fehlgeburten, Fötus- und Chromosom-Anomalien, einschließlich des Down Syndroms. Die Kinder älterer Männer leiden oft an Schizophrenie und genetischen Störungen. Obwohl Ärzte empfehlen, Kinder im Alter von 20 bis 35 Jahren zu bekommen, treffen Frauen die Entscheidung, und so hat sich in den letzten zehn Jahren allein in Großbritannien die Zahl der Frauen, die ein Baby im Alter von über 40 Jahren bekommen, verdoppelt. Wenn du älter bist und ein Kind bekommen möchtest, **musst du beachten, dass du wahrscheinlich die teure IVF-Therapie bezahlen musst.** Werde dir aller Risiken bewusst, damit du gut informiert ein klares Urteil fällen kannst.

# Mit Kindern im Schlepptau reisen

Ein heulendes Baby oder ein Kleinkind mit Wutanfällen mitten im Flug oder auf einer langen Autoreise macht nicht so viel Spaß. Doch wenn du ein bisschen im Voraus planst, kannst du dafür sorgen, dass alles wie geschmiert läuft und deine Kinder glücklich und zufrieden sind.

So kannst du mit deinen Kleinen verreisen und die Alpträume über Schreianfälle, nasse Windeln und das allgemeine Gemetzel kleiner Kinder der Vergangenheit überlassen.

## TEILE DEINE ZEIT RICHTIG EIN

Wenn deine Kinder leicht einschlafen, **versuche deine Auto-, Zug- oder Flugzeugreise dann zu planen, wenn sie richtig müde sind.** So kannst du sicherstellen, dass du zumindest eine Stunde Ruhe hast, bevor du sie unterhalten musst. Wenn du mit einem Baby reist, trete deine Reise an, nachdem du es gefüttert und ihm die Windeln gewechselt hast.

## DIE AUTOREISE MIT EINEM BABY

Ob du auf einen Sprung schnell in den Laden fährst oder eine lange Reise machst, dein Baby braucht einen sicheren Kindersitz. Es ist gefährlich, mit dem Baby auf dem Schoß auf dem Beifahrersitz oder hinten im Auto zu fahren, und in einigen Ländern ist das sogar strafbar. Merke dir: **Du darfst einen nach hinten gerichteten Kindersitz nie auf einen Beifahrersitz mit Airbag setzen,** das kann zu schlimmen Verletzungen bei einem Unfall führen. Die meisten Autos haben die Möglichkeit, den Airbag mit einem Schlüssel auszuschalten, wenn das nötig ist.

## IM FLUGZEUG

Vielleicht kannst du auf einer langen Flugreise ein Kinderbett für dein Baby reservieren, es lohnt sich immer, bei deiner Fluggesellschaft mal nachzufragen. Wenn du nicht für einen Extrasitz bezahlst, wirst du keinen bekommen, und das Baby wird den ganzen Flug über auf deinem Schoß oder im Trennwandsitzbereich sitzen. Viele Frauen, die alleine mit kleinen Kindern reisen, haben Probleme. **Lerne es, jede Hilfe, die dir am Flughafen angeboten wird, in Anspruch zu nehmen.** Angefangen vom Gepäckträger, der dir mit den Koffern hilft, der Lounge für Kinder vor dem Flug und vor dem Einstieg in das Flugzeug, werden die Mitarbeiter gerne mithelfen die Kinder zu unterhalten, warme Fläschchen und Babynahrung zuzubereiten. Wenn du bei deinen Bitten ein Lächeln auf den Lippen hast, wird dir das helfen, ein gutes Stück in der Warteschlange vorzurücken, aber halte auch Ausschau nach den Schaltern für schnelle Einreise- und Zollabfertigung. Frage beim Einchecken nach, ob der Flug voll belegt ist, die Mitarbeiter könnten dir den Platz neben dir freihalten.

## HALTE DEINE KINDER MIT BÜCHERN UND SPIELSACHEN AUF TRAB

Alle Kinder lieben Musik, und das ist eine gute Beschäftigung auf einer langen Reise (vor allem im Auto). Packe also gut ausgewählte CDs, die sie mögen werden, ein. Ein weiterer guter Trick ist ein **Hörspiel auf Kassette oder CD,** das sie mit Kopfhörern hören können. Kaufe auch neue Spielsachen und Bücher als Überraschung während der Fahrt ein.

Plane im Voraus, wann dein Kind eine Pause braucht, und suche Ausfahrten auf der Autobahn aus. Wenn es eine lange Reise ist, wirst du einige Ausfahrten aussuchen müssen, und das wird deine Reise um eine bis zwei Stunden verlängern. Akzeptiere es einfach: **Deine Reise wird länger dauern,** aber zumindest hast du die Möglichkeit, eine Tasse Tee zu trinken oder eine Pause zu machen, und deine Kinder können ein bisschen herumlaufen, um ihre Energie loszuwerden.

Wenn du mehrere Stunden fliegst, gehe mit deinem Kind wie im Auto um. Nimm jede Menge Bücher und Spielsachen mit und lass es im Flugzeug herumlaufen. Mach dir keine Gedanken wegen der Stewardessen, sie sind es gewohnt, mit Kindern umzugehen, und werden dir vielleicht sogar helfen, es zu unterhalten, oder ihm das Flugzeug zeigen.

## Das ultimative MUTTER-REISEKIT

Wann immer und wohin auch immer du mit deinem Baby oder deinem Kleinkind auf Reisen gehst, du musst genügend Sachen einpacken, um es zu füttern, Windeln zu wechseln und es bei Laune zu halten. Das musst du einpacken:

- **Zusätzliche Windeln** – nimm immer die doppelte Menge mit, als du zu brauchen meinst.
- **Wischtücher fürs Baby –** toll fürs Gesicht, die Hände – und den Popo.
- **Eine Wickelmatte** – oder etwas Sauberes wie zum Beispiel ein kleines Handtuch, das du zusammenfalten und als Unterlage verwenden kannst.
- **Zusätzliche Kleidung** – Unfälle passieren, egal ob es dabei die vollgesaugte Windel oder der verschüttete Saft ist, es lohnt sich immer, für alles bereit zu sein.
- **Essen und Getränke** – das Einzige, was schlimmer ist als ein müdes Kind, ist ein müdes und hungriges Kind. Verlasse also das Haus nicht, ohne genügend Snacks als Bestechung, Milch für das Baby und Fruchtsaftpackungen für die durstigen Kinder einzupacken.
- **Spielsachen** – packe kleine Spielsachen ein, die nicht zu viel Platz brauchen und leicht zu ersetzen sind, wenn sie kaputt sind oder verloren gehen.
- **Sonnenhüte und Sonnencremes** – empfindliche Haut verbrennt schnell, selbst wenn das Wetter nicht so verheißungsvoll zu sein scheint. Achte darauf, dass sie immer griffbereit sind, um Sonnenstiche, Schmerzen und Sonnenbrände zu vermeiden.
- **Schwimmwindeln und Badeanzüge** – wenn es auf deiner Reise die Möglichkeit gibt, schwimmen zu gehen, dann pack sie ein. Du willst doch nicht unnötig Zeit damit verschwenden, Läden zu suchen, die so was führen.
- **Verbandkasten** – achte darauf, dass darin auch wasserfeste Pflaster, antiseptische Cremes, Paracetamol oder Ibuprofen, Aftersun-Spray oder Galmeinlotion zur Linderung von Sonnenbränden, Insektenspray und etwas Creme gegen den Juckreiz enthalten sind, wenn deine Kinder oder du gestochen werden.

# Behalte einen kühlen Kopf

## Die WUTANFÄLLE ungeduldiger Kleinkinder

Du hast also geschrieen, hast bestochen und gedroht, aber deine Kinder hören dennoch mit ihren Wutanfällen mitten im Einkaufszentrum nicht auf. Und du bist, ehrlich gesagt, **mit den Nerven am Ende.**

**Keine Panik.** Es gibt einige sehr effektive Methoden, die verhindern, dass du und deine Kinder zu bitteren Feinden werdet.

Kleinkinder sind keine Übeltäter, wenn sie einen Wutanfall haben, sie verhalten sich nur ihrem Alter gemäß. Wutanfälle sind ein ganz normaler Bestandteil ihrer Entwicklung. Wie dem auch sei, wenn die Wutanfälle überhand nehmen, musst du handeln.

Einige Ratschläge, die dir helfen, deine Tränen zurückzuhalten.

### BLEIB RUHIG

Nichts verschlimmert den Wutanfall eines Kindes mehr als wütende Eltern. Wenn dein Kind sieht, dass du die Ruhe nicht bewahrst, wird es deinem Kind nur noch schwerer fallen sich zu beherrschen. **Also, streite nicht, schreie nicht und verliere nicht die Geduld.**

## ZEIG IHM LIEBE

Disziplin kann nur in einer liebevollen Umgebung erfolgreich sein. **Dein Kind muss fühlen, dass es dir wichtig ist,** und wissen, dass es geliebt, gewollt, respektiert und umsorgt ist. Wenn Kinder das nicht haben, ist es sowohl schwierig als auch wenig weise, ihr Verhalten verändern zu wollen.

## SEI KONSEQUENT

Kleinere Kinder müssen ihre Grenzen kennen und genau wissen, was von ihnen erwartet wird. Sie müssen verstehen, dass **beide Eltern sich eins** sind und darüber hinaus die Kontrolle haben! Um deine Kinder nicht zu verwirren, muss die Erziehung konsequent und nicht von der eigenen Stimmung oder der deines Partners abhängig sein.

## GIB NICHT NACH

Es ist schwer zu glauben, aber Studien belegen, dass **dein Kind will, dass du die Kontrolle behältst,** fürchte dich also nicht, streng zu sein. Egal wie groß die Versuchung nachzugeben auch sein mag, du darfst nicht um des Friedens willen nachgeben. Wenn du das tust, vermittelst du deinem Kind sehr konfuse Botschaften und ermutigst es zu einem weiteren Wutanfall. Wenn du meinst, dass es Zeit ist zu handeln, sprich mit Überzeugung und, am allerwichtigsten, ziehe es durch.

Viele Eltern können es nicht ertragen, ihre Kinder verärgert zu sehen, aber **wenn du ihnen zeigst, dass du es ernst meinst,** heißt das, du weißt, wann du „nein" sagen und darauf bestehen musst. Wenn du den Tränen nachgibst, lernt dein Kind: „Wenn ich weine, bekomme ich, was ich will".

## SPRICH MIT LEISER STIMME

Wenn du schreist und das Geschrei deines Kindes übertönst, **ermutigst du dein Kind, nur noch lauter zu schreien.** Eine leise Stimme gibt deinem Kind das Gefühl, dass du die Kontrolle über die Situation hast.

## SCHÜCHTERE DEIN KIND NICHT EIN

Es kann für ein Kind einschüchternd sein, wenn es von einer größeren Person überragt wird.
Es hilft, die Situation auszugleichen und **besser mit deinem Kind zu kommunizieren,** wenn du dich zu deinem Kind hinunterbückst oder dich auf den Boden setzt.

## VERSUCHE ES MIT ABLENKUNG

Einige Kinder können während des Wutanfalls leicht abgelenkt werden, wohingegen andere Kinder sich nur noch mehr darüber aufregen. Wenn dein Kind sich ablenken lässt, **versuche es mit Bücherlesen** oder lass die Lieblingskassette, -CD oder -Videokassette laufen.

## LERNE ZU IGNORIEREN

Eine sehr wirksame Methode, die deinem Kind vermittelt, dass sein Verhalten nicht geduldet wird, ist, es zu ignorieren. Entwickle eine gezielte Blindheit und Taubheit. Dein Kind wird sehr schnell erkennen, dass es keinen Sinn macht, sich abzumühen, wenn keiner zuguckt.

Ziel ist, **dem ungewünschten Verhalten keine Aufmerksamkeit zu schenken,** und deshalb lass es seltener zu.

## MACH MAL PAUSE

Für einige Kinder, insbesondere für ältere Kinder, bietet eine „Pause" die nötige Zeit zur Beruhigung. Wenn du dein Kind für zehn Minuten auf sein Zimmer schickst, zeigt du ihm nicht nur, wer die Kontrolle hat, sondern es **gibt ihm auch die Zeit, sich zu beruhigen** und die Kontrolle über sich und die Situation wieder zu ergreifen.

## BELOHNE DAS GUTE VERHALTEN

Lobe dein Kind immer, wenn du nach einer wutanfallfreien Reise zurückkehrst. **Belohne das gute Verhalten mit Liebe, Spaß und Aufmerksamkeit und nicht mit Bestechungen.**

# Verbanne das „Rabenmutter"-Schuldgefühl

Es ist für berufstätige Mütter schwer, das Arbeitsleben ins Lot zu bringen. **Es gibt keinen Grund, sich in beiden Rollen elend und gestresst zu fühlen,** wenn man weder das eine noch das andere aufgeben will.

Das heißt, dass man einen Weg finden muss, wie man seine Arbeit weiterführen kann, ohne dabei gereizt zu sein oder sich wie ein von Schulden geplagtes Wrack zu fühlen, das den Eindruck hat, sowohl als Mutter als auch als Arbeitnehmerin zu versagen.

Du musst vielleicht radikale Veränderungen in deinem Job vornehmen. Finde heraus, ob es irgendeine Möglichkeit gibt, deine **Arbeitszeiten den Kinderbetreuungs- und Schulzeiten anzupassen.** Wenn dies nicht möglich ist, denke über einen Jobwechsel nach. Finde heraus, ob es irgendwelche Unternehmen in deinem Gebiet gibt, die den Müttern mehr Flexibilität bieten.

Vielleicht würde ein **Karrierewechsel viel mehr helfen.** Es ist zum Beispiel schwieriger, wenn du in einem Finanzunternehmen arbeitest, als wenn du auf den PR-Bereich umsteigen oder als Lehrerin arbeiten würdest. Fürchte dich nicht, etwas Neues anzufangen. Eine Möglichkeit wäre, dich selbstständig zu machen oder halbtags von zu Hause aus zu arbeiten.

Überprüfe alle Möglichkeiten sehr sorgfältig, damit du den richtigen Job findest, der zu dir und deiner Familie passt.

## Wie GEHT MAN DAMIT UM?

- **Akzeptiere, dass du eine berufstätige Mutter bist.** Das ist nichts Schlechtes.
- **Höre auf, dich schuldig zu fühlen.** Verbanne innere Stimmen wie: „Gute Mütter bleiben immer zu Hause und stellen ihre Kinder an die erste Stelle."
- **Erlaube deinen Kollegen nicht, dir Schuldgefühle einzureden.** Du musst um 17:00 Uhr gehen, weil du Mutter bist und nicht, weil du dich der Verantwortung in der Arbeit entziehen willst.
- **Ignoriere die Märchen in der Presse,** die sagen, dass berufstätige Mütter ihren Kindern Schaden zufügen. Der wichtigste Faktor in der Entwicklung eines Kindes ist nicht der, ob die Mutter berufstätig ist oder nicht, sondern, ob sie glücklich ist oder nicht.
- **Sorge für gute Kinderbetreuung.** Du willst doch nicht in die Arbeit gehen und dir ständig Sorgen um dein Kind machen. Schaue dir verschiedene Kindergärten und Kindertagesstätten an, bevor du eine Entscheidung triffst.
- **Lass deinen Partner dir helfen.** So weißt du, dass er da ist und dir die Last abnehmen kann.
- **Strebe nicht nach Perfektion.** Es ist nicht möglich, eine berufstätige Mutter zu sein und ein blitzblankes Zuhause zu haben. Wenn du danach strebst, wirst du am Ende ausgebrannt sein. Besorge eine Putzkraft, wenn du es dir leisten kannst, und lass keine Schuldgefühle zu, wenn du an manchen Abenden Essen nach Hause bestellst. Wenn deine Kinder sonst immer gutes und vernünftiges Essen bekommen, werden Fastfood und Fertiggerichte ihnen nicht schaden.
- **Erkläre deinen Kindern,** wenn sie alt genug dazu sind, warum du arbeiten gehst – es dient nun mal dazu, dass sie und die Familie sich all die schönen Dinge im Leben leisten können.
- **Schaffe dir ein gutes Netzwerk zur Unterstützung:** Spanne Familie, Freunde und die Nachbarn ein, die notfalls aushelfen können.
- **Konzentriere dich auf das Positive.** Wenn du einen schlechten Tag hattest, stelle eine Liste mit all den positiven Gründen auf, warum du in die Arbeit gehst, und sei stolz darauf, dass deine Kinder glücklich und gesund sind.

# Platz für alle

## MEHR PLATZ schaffen

Nachwuchs zu bekommen kann heißen, dass ihr in eine größere Wohnung umziehen müsst oder dass ihr ein zusätzliches Zimmer braucht, da **die Wohnverhältnisse sehr beengt werden.** Unser Lebensraum kann durch die Spielsachen der Kinder sehr beengt werden, es sei denn, man hat das Glück, in einem großen Haus mit Kinder- und Spielzimmer zu wohnen.

Die meisten frischgebackenen Eltern sind so sehr damit beschäftigt, für ihr Baby zu sorgen und etwas Schlaf zu bekommen, dass sie als Letztes daran denken, ihr Haus wieder in Ordnung zu bringen. Doch wenn dein Baby zu einem Kleinkind heranwächst, wird der Lebensraum zu einem Problem, da sich seine Sachen um das Zehnfache mehren.

Die einzige Lösung ist, **sich zu organisieren und einige Regeln aufzustellen** – langfristig gesehen wird das den Stress reduzieren und dir die Kontrolle über dein Umfeld wiedergeben.

## Sieben Möglichkeiten, wie man MEHR PLATZ SCHAFFT

### 1 NUTZE JEDE ECKE

**Überprüfe die Räume in deinem Haus,** um zu sehen, was besser genutzt werden kann. Ein guter Anfang wären die Bettnischen oder die Bereiche über dem Bett. Diese Freiräume können viel besser als ein Bücherregal genutzt werden, und viele davon können zu Schränken oder anderen Abstellmöglichkeiten umfunktioniert werden.

### 2 SCHAFFE ORDNUNG UND BEWAHRE SIE

Es scheint selbstverständlich zu sein, doch wenn du eilig aufräumst, ist es das Letzte, woran du denkst. Wie dem auch sei, **Unordnung kann sich sehr drastisch auf deinen Verstand auswirken,** und der geringste Stress führt zur totalen Verzweiflung – vor allem am Montagmorgen, wenn die Sporttasche deines Kindes wieder einmal verschwunden ist!

Stell dir vor, wie viel einfacher das Leben bei dem Gedanken wäre, dass jede dunkle Ecke aufgeräumt ist, wie viel freier deine Gedanken wären, wenn du nicht an all die Dinge denken müsstest, die noch aufgeräumt werden müssen.

### 3 LEGE REGELN FÜR DIE SPIELSACHEN FEST

Erlaube deinem Kind nicht, alle Spielsachen auf einmal ins Wohnzimmer zu bringen. **Wähle einige aus, teile sie auf Kisten auf und wechsle sie wöchentlich ab.** So hat das Kind immer unterschiedliche Spielsachen, mit denen es spielen darf, und das Wohnzimmer gehört immer noch dir.

## 4 LASS DIE KINDER MITHELFEN

Gewöhne deine Kinder daran aufzuräumen. Klebe Fotos auf die Kisten mit ihren Spielsachen auf, damit sie sie schnell wiederfinden. Achte darauf, dass **die Bücher leicht erreichbar sind.**

## 5 SCHMEISS WEG!

Jedes Mal, wenn du etwas Neues für deine Kinder kaufst, egal ob es Spielsachen oder Kleider sind, **gib etwas von den alten Sachen an Wohltätigkeitsorganisationen weiter.** Räume erst die Unordnung auf, bevor du anfängst, dich nach neuen Aufbewahrungsmöglichkeiten umzusehen.

## 6 SEI NICHT SENTIMENTAL

Sei kritisch. Lege eine kleine Kiste für ganz besondere Andenken, wie zum Beispiel die ersten Bilder der Kinder, Fotos usw., auf die Seite, aber **fühle dich nicht dazu verpflichtet, alles zu horten.**

## 7 SCHAFFE EINE MUTTER- UND VATERZONE

Um geistig gesund zu bleiben, ist es wichtig, eine „Elternzone" einzurichten, wo ihr etwas Ruhe und Frieden haben könnt. Dies kann zum Beispiel euer Schlafzimmer, ein freies Zimmer oder ein Studio sein – ein Ort, an dem ihr lesen, Musik hören oder andere Dinge „für Erwachsene" tun könnt. **Mach dir kein schlechtes Gewissen, wenn du deine Kinder ausschließt** – es ist wichtig, dass sie ihre Grenzen sehr früh kennen lernen. Außerdem wird es dir helfen, den Stress-Level zu reduzieren, und langfristig gesehen wirst du als Mutter glücklicher und geduldiger sein.

# Das Dilemma der Kinderbetreuung

## Die RICHTIGE KINDERBETREUUNG wählen

Es ist **eine der schwersten Entscheidungen, die Eltern treffen müssen**, wenn sie sich nach einer Einzelkindbetreuung oder einer Kindertagesstätte umsehen. Abgesehen davon, dass es schwierig ist, von deinem Kind durch die Arbeit getrennt zu sein, musst du die Gewissheit haben, dass dein Kind gut versorgt ist.

**DIE AUSWAHL EINER GANZTAGESKINDERTAGESSTÄTTE, EINER KINDERKRIPPE ODER EINES KINDERGARTENS**

Achte darauf, **drei oder vier davon zu sehen,** bevor du dich entscheidest, wo du dein Kind hinbringst. Jede Kindertagesstätte, die ihr Geld wert ist, wird dir erlauben, einen Morgen mit deinem Kind dort zu verbringen, um die Kinder und Mitarbeiter zusammen zu beobachten, damit du sehen kannst, ob sich dein Kind wohl fühlen wird, wenn du es dort hinbringst.

**Fürchte dich nicht, ihnen Fragen zu stellen.** Gute Kinderpfleger sind darauf eingestellt, Fragen zu beantworten, und werden dir bereitwillig die Räume und den Garten zeigen, in denen dein Kind sich aufhalten wird. Die neun wichtigsten Dinge, die du herausfinden musst, sind:

1. Sind die anderen Kinder entspannt, und scheinen sie wirklich Spaß zu haben?
2. Hören die Mitarbeiter den Kindern zu, und sind sie bei den Aktivitäten dabei?
3. Sind die Mitarbeiter freundlich, und haben sie ein aufrichtiges Interesse an den Kindern?
4. Ist die Einrichtung hell, sauber und einladend?
5. Gibt es draußen einen sicheren Spielbereich?
6. Gibt es viele interessante Spielsachen und Aktivitäten für Kinder?
7. Ist das Umfeld kinderfreundlich – gibt es kindgerechte Möbel, und hängen Bilder an der Wand, die die Kinder selbst gemalt haben?
8. Sind die Mitarbeiter freundlich zu dir und dem Kind in der Betreuung?
9. Ist die Einrichtung sicher und ungefährlich, achten die Mitarbeiter darauf, wer in den Räumen ein- und ausgeht?

**DIE AUSWAHL EINER KINDERPFLEGERIN ODER TAGESMUTTER**

Wenn du eine Einzelbetreuung für dein Kind suchst, ist es umso wichtiger, **jemanden zu finden, dem du vertraust und zu dem dein Kind eine Beziehung aufbauen kann.** Stelle die folgenden Fragen:

**1** Wie lange arbeiten Sie schon mit Kindern?
**2** Als was wurden Sie ausgebildet?
**3** Warum mögen Sie Ihren Job?
**4** Wie werden Sie den Tag mit meinem Kind verbringen?
**5** Kann ich Ihre Papiere sehen?

## WIE GEHT MAN DAMIT UM, dass jemand anderes für dein Kind sorgt?

### BLEIBE IN VERBINDUNG

**Rufe regelmäßig an** und frage, wie es deinem Kind geht und was sie gerade tun. Bitte sie, dir alle neuen Entwicklungen und Leistungen mitzuteilen, damit du nichts verpasst.

### WISSEN, WAS DU TUST …

Gib ihnen über deinen Tagesablauf Bescheid. Deine Kinder werden sich dir gegenüber mehr verbunden fühlen, wenn sie wissen, was du den ganzen Tag tust. **Plane einen Besuch zu Mittag in deinem Büro für die Kinder ein**, damit sie sehen können, wo du arbeitest.

### NIMM DIR FREI

Mach einige Tage frei, damit du bei den wichtigen Programmen und Aktivitäten, an denen deine Kinder teilnehmen, dabei sein kannst. **Sie werden das sichere Gefühl haben, an erster Stelle zu stehen.**

### HABT SPASS AM WOCHENENDE

Plane Aktivitäten mit jedem einzelnen Kind und auch Familienausflüge ein. Ins Kino gehen und Sport treiben **wird dir helfen, die Zeit wieder gutzumachen, in der du nicht bei ihnen sein kannst,** und die Bindung zu deinen Kindern stärken.

### NEHMT EUCH ZEIT ZUM PLAUDERN

Mit deinen Kindern beim Abendessen zu plaudern und sie jeden Abend ins Bett zu bringen **wird dir helfen, ihnen näher zu kommen.** Bereits 20 Minuten am Tag werden euch das Gefühl geben, dass ihr auch im täglichen geschäftigen Leben füreinander wichtig seid.

# Hilfe! Mein Mann findet das Kindermädchen attraktiv!

**Es ist so ein Klischee:** ein Mann, der alles hat, der in seine hinreißende Schönheit tief verliebt ist, eine erfolgreiche Frau hat, aber seine Hände nicht vom Kindermädchen lassen kann.

Warum tun sie das? Warum setzten sie ihre Ehe, das Haus und die Familie nur für ein bisschen Spaß aufs Spiel? Seien wir ehrlich, in neun von zehn Fällen geht es um – **Sex ohne Verpflichtungen in den eigenen vier Wänden.**

Die meisten Männer beabsichtigen nicht, eine Familie mit dem Kindermädchen zu gründen. Aber für einige ist die Versuchung, ein junges, hübsches und freies Mädchen in ihrem Hause zu haben, **viel zu groß, als ihr widerstehen zu können.** Ironischerweise müsste das Kindermädchen für mehr Stabilität im Leben der Kinder sorgen und nicht die Beziehung zerstören.

**Doch daran sind zum Teil altmodische Vorstellungen über Hausfrauen schuld.** Einige Männer, deren Frauen berufstätig sind, finden, dass das Kindermädchen sich viel mehr als ihre Frauen um sie kümmern, genauso wie ihre Mütter das getan haben. Es ist auch eine Frage der Macht. Ein Mann fühlt sich dem Kindermädchen gegenüber viel mächtiger als seiner gut verdienenden und durchsetzungsfähigeren Frau.

Ein weiterer sehr wichtiger Punkt ist die unklare Rolle, die eine andere Frau hat, wenn sie ins Herz der Familie aufgenommen wird. Wenn Männer sehen, dass sich jemand anderes um die Kinder kümmert, kann das zu verschwommenen Grenzen zwischen **sexueller Anziehung und Mutterschaft führen,** und das kann katastrophale Auswirkungen haben.

## Wie kann man die KINDER-MÄDCHEN-FALLE umgehen?

**Denke viel und lange darüber nach,** bevor du ein Kindermädchen einstellst. Wenn du eine neue Person in dein Haus aufnimmst, wird sich die Balance ändern. Bist du bereit dazu? Wenn nicht, dann ist eine Kindertagesstätte eine gute Möglichkeit, bevor du jemanden in dein Haus aufnimmst.

**Suche kein junges und hübsches Kindermädchen aus.** Hart, aber wahr. Auch wenn du den vertrauenswürdigsten Ehemann der Welt hast, willst du wirklich Tag für Tag jemanden im Haus haben, der so gut aussieht? Denke an den Konkurrenzdruck, dem du dich aussetzt! Wenn du mehr Argumente brauchst, bedenke, dass ältere Kindermädchen viel mehr Erfahrung mit Kindern haben.

**Nimm dir einen „Kinderjungen".** Eine Möglichkeit, deinen Mann davon zurückzuhalten, mit deinem Kindermädchen durchzubrennen, ist, einen männlichen Kinderpfleger einzustellen, manche sagen dazu „Manny". Stelle nur sicher, dass du dich deinerseits nicht auf eine Affäre einlässt!

# Die hohe Schule der Kindererziehung

Eltern-Sein ist **einer der besten und befriedigendsten Jobs auf der ganzen Welt**, aber jeder, der diese Erfahrung schon gemacht hat, wird auch bestätigen, dass es auch einer der härtesten Jobs ist.

Es ist ein 24-Stunden-pro-Tag-sieben-Tage-die-Woche-Job, den du für den Rest deines Lebens tun wirst.

Die meisten Eltern wollen **„die perfekten Eltern"** sein, indem sie ermutigen, lieben, kreativ sind, verlässlich sind und man mit ihnen Spaß haben kann. Dennoch, achte darauf, dass der Wunsch, perfekte Eltern zu sein, die Freude am Kinderhaben nicht überschattet.

Wir alle neigen dazu zu vergessen, dass es keine perfekten Eltern gibt; wir machen alle Fehler. **Selbst liebvolle Eltern tun manchmal Dinge, die sie nicht tun wollen,** wie zum Beispiel, ihren Kindern einen Klaps geben oder sie anschreien und vor ihnen fluchen. Das gehört zum Eltern-Sein dazu.

Also **erlaube dir selbst, Fehler zu machen.** Du wirst deinen Kindern nicht vergeben können, wenn du dir selbst nicht vergeben kannst.

## Ich bin manchmal so frustriert. IST DAS NORMAL?

Selbstverständlich, **alle Eltern sind gestresst.** Kinder fordern deine ganze Kraft und Energie. Darüber hinaus wirst du mit den normalen alltäglichen Problemen konfrontiert, die das Leben mit sich bringt, zum Beispiel die Sorgen um deinen Job, die Rechnungen und die Beziehungen.

Gute Eltern zu sein heißt, **gut auf dich Acht geben.** Das heißt, dir eine Pause zu gönnen. Jeder braucht von Zeit zu Zeit mal eine Pause vom Eltern-Sein.

Du und dein Partner müsstest euch **abwechselnd frei nehmen**, um mal rauszukommen. Zum Beispiel kannst du ihn bitten, bei den Kindern zu bleiben, damit du Freunde besuchen kannst. Wechselt euch ab, damit jeder einmal am Wochenende ausschlafen kann.

Es ist leicht, die Geduld mit deinen Kindern zu verlieren, und **es ist okay, verärgert zu sein,** aber es ist nicht fair, den Ärger an ihnen auszulassen. Wenn du wirklich verärgert bist, mach eine Pause. Gehe mit den Kindern spazieren oder rufe eine Freundin, die dir ein bisschen aushilft.

## Den Kindern einen Klaps geben ODER NICHT?

Deinen Kindern einen Klaps zu geben ist keine gute Erziehungsmethode. Das Ziel der Erziehung ist, deine Kinder Selbstkontrolle zu lehren. **Sie zu schlagen lehrt sie nur, etwas aus Angst nicht zu tun.**

Es gibt viele effektive Methoden, die deinen Kindern keinen körperlichen Schaden zufügen und keine Schuldgefühle bei Eltern hervorbringen, weil sie ihrem Kind vielleicht wehgetan haben.

Eine gute Erziehungsmethode für Säuglinge und Kinder ist die so genannte **„Umerziehung"**. Wenn du dein Kind umerziehst, ersetzt du ein ungewünschtes oder schlechtes Verhalten durch ein gutes Verhalten. Zum Beispiel, wenn es nicht erlaubt ist, mit dem Ball im Haus zu spielen, dann gehe mit ihm nach draußen.

**Versuche älteren Kindern die Folgen ihres Verhaltens zu zeigen** und dass sie dafür Verantwortung übernehmen müssen. Zum Beispiel kannst du deinem Sohn erklären, dass alle mit dem Abendessen warten mussten, weil er den Tisch nicht rechtzeitig gedeckt hat. Weil er den Tisch nicht gedeckt hat, wird er das Geschirr nach dem Abendessen spülen.

# Die Checkliste einer guten Mutter

**Zeige deine Liebe.** Sage deinen Kindern jeden Tag: „Ich liebe dich". Umarme sie viel und küsse sie.

**Höre zu, wenn deine Kinder sprechen.** Wenn du deinen Kindern zuhörst, vermittelst du ihnen, dass sie dir wichtig sind und dass du Interesse hast an dem, was sie sagen.

**Gib deinen Kindern das Gefühl der Sicherheit.** Tröste sie und schenke ihnen Sicherheit, wann immer sie sich fürchten. Zeige ihnen, dass du etwas unternommen hast, um sie zu beschützen.

**Sorge für Ordnung in ihrem Leben.** Achte auf regelmäßige Essenszeiten, Zeiten fürs Mittagsschläfchen und Zubettgehzeiten. Wenn du Abwechselung in die Routine hineinbringen musst, gib ihnen rechtzeitig über die bevorstehenden Veränderungen Bescheid.

**Lobe deine Kinder.** Wenn deine Kinder etwas Neues lernen oder sich gut benehmen, sag ihnen, dass du stolz auf sie bist.

**Kritisiere das Verhalten, aber nicht die Kinder.** Wenn dein Kind einen Fehler macht, sage nicht: „Du warst böse." Stattdessen erkläre dem Kind, was es falsch gemacht hat. Sage zum Beispiel: „Es ist gefährlich, wenn du ohne zu schauen auf die Straße läufst." Danach erkläre dem Kind, was es stattdessen tun soll: „Schaue erst nach links und dann nach rechts, ob ein Auto kommt."

**Sei konsequent** und achte darauf, dass die Regeln immer gleich bleiben. Deine Regeln müssen nicht identisch mit denen anderer Eltern sein, sie müssen aber klar und konsequent sein. Wenn zwei Eltern ein Kind erziehen, müssen beide die gleichen Regeln einsetzen. Achte also darauf, dass Babysitter und Verwandte darüber Bescheid wissen und die Regeln in deiner Familie befolgen.

**Verbringe Zeit mit deinen Kindern.** Lies zusammen mit ihnen, gehe mit ihnen spazieren, spiele und räume die Wohnung mit ihnen auf. Was Kinder am meisten wollen, ist deine Aufmerksamkeit. Das schlechte Benehmen ist für gewöhnlich ihre Methode, Aufmerksamkeit zu bekommen!

# Ratschläge für alleinstehende Mütter

Als alleinstehende Mutter wirst du wahrscheinlich mit bestimmten Vorurteilen konfrontiert, aber lass es nie zu, dass dir irgendjemand das Gefühl vermittelt, weniger wert zu sein als eine Familie mit Vater und Mutter. Es gibt tatsächlich Vorteile, **alleinstehende Mutter zu sein**.

Wenn zwei Elternteile zusammen unter einem Dach leben, ist das keine Garantie dafür, dass es mehr Harmonie und Liebe im Hause gibt, als wenn eine Mutter zu Hause bleibt und tagsüber für ausgeglichene und glückliche Kinder sorgt.

Was zählt, ist die Qualität der Eltern-Kind-Beziehung. Erfüllte Mütter sind nicht nur gute Vorbilder für ihre Kinder, sondern auch fröhlichere Menschen. Studien bestätigen uns, was wir schon längst erkannt haben: Glücklichere Frauen sind glücklichere Mütter, ob sie Single sind oder nicht, berufstätig oder Hausfrauen.

Im letzten Jahrzehnt haben verschiedene Studien die Auswirkungen des Berufs der Mütter auf ihre Kinder überprüft. Sie haben herausgefunden, dass die **Qualität der Kinderbetreuung** und die Enge der Eltern-Kind-Beziehung entscheidend sind und nicht, ob die Mutter berufstätig ist oder nicht.

Ja, es ist schwer und herausfordernd, Kinder alleine zu erziehen, **vor allem dann, wenn du gleichzeitig deiner Karriere nachgehst.** Den Kindern gute Eltern zu sein hat nichts mit der Anzahl der Eltern im Haus zu tun, sondern es hat was mit der Qualität des Eltern-Seins zu tun.

### GENIESSE ES

Fange mit **positiven Haltungen** an und konzentriere dich auf die Vorteile, alleinerziehende Mutter zu sein, wie zum Beispiel weniger Konflikte und Spannungen im Haus. Viele alleinstehende Mütter, die gerade eine schlechte Beziehung hinter sich haben, schätzen ihre neu gefundene Freiheit und Unabhängigkeit und freuen sich auf ihre Zukunft.

### ÜBERNIMM DICH NICHT

Alleinerziehende fühlen sich oftmals mit der Verantwortung, den Aufgaben und der emotionalen Last der Kindererziehung überfordert. **Es ist sehr wichtig, um Hilfe zu bitten, wenn es nötig ist.** Verteile geeignete Aufgaben im Haushalt an deine Kinder und frage andere Eltern, ob sie dir helfen können, die Kinder aus der Schule zu holen oder sie in die Vereine nach dem Schulunterricht zu bringen.

**SEI EINE MUTTER UND KEIN KUMPEL!**

Lege klare Grenzen fest, die keinen Zweifel daran lassen, dass du der Boss im Hause bist. Alleinerziehende machen oftmals den Fehler, ihre Kinder als gleichwertige Partner oder Kumpel zu betrachten. Das kann zu richtigen Problemen führen. Kinder brauchen Grenzen und eine konsequente Disziplin, die für **klare Erwartungen und Richtlinien** in ihrem Benehmen sorgen. Lass die Kinder Kinder sein und suche dir andere Erwachsene, zu denen du eine kameradschaftliche Beziehung pflegen kannst und bei denen du Unterstützung findest.

## WERDE DIR BEWUSST, DASS DU DEIN BESTES GIBST

Egal wie liebevoll und kompetent du bist, du bist immer noch eine einzige Person und **tust den Job – und darin sind sich die meisten einig – zweier Menschen.** Lass es nicht zu, dass deine Kinder dich manipulieren, indem sie dir Schuldgefühle einreden. Erinnere sie daran, dass ihr zusammenarbeiten müsst. Lobe dich selbst, wenn du einen Job gut erledigt hast.

## SORGE FÜR STABILITÄT

Kinder lechzen nach Stabilität und Sicherheit vor allem dann, wenn ihre Welt nach der Scheidung Kopf steht. **Lass sie wissen, wie sehr du sie liebst** und wie stolz du auf sie bist. Sei da für sie, wenn sie dich brauchen oder wenn irgendetwas schief läuft.

## ACHTE AUF DICH SELBST

Es ist für deine Kinder sehr wichtig, dass du auf dich aufpasst; gestresste Eltern führen zu gestressten Kindern. Selbstverständlich wird es Zeiten geben, in denen du das Verlangen hast, eine Pause einzulegen. Plane sie ein und **bitte deine Freunde und deine Familie, dir als Babysitter an einem Nachmittag auszuhelfen,** damit du zum Mittagessen ausgehen oder eine Gesichtsbehandlung machen kannst. Du solltest besonders darauf achten, dich gesund zu ernähren, regelmäßig Sport zu machen und ausreichend zu schlafen. Das alles wird dir einen neuen Energieschub geben und hilft dir, mit allem fertig zu werden.

## BESORGE DIR UNTERSTÜTZUNG

Für dich als eine alleinerziehende Mutter ist es wahrscheinlich am allerwichtigsten, ein umfangreiches Netzwerk aufzubauen, das dir den nötigen emotionalen Beistand, Gesellschaft, Hilfe in Notsituationen und Kinderbetreuung bietet und dir die Augen öffnen. Sei sehr wählerisch und **suche dir zuverlässige und fürsorgliche Freunde aus,** die in Zeiten der Not für dich da sein werden.

Wenn du von deiner Familie weit entfernt wohnst, **suche eine örtliche Selbsthilfegruppe für alleinerziehende Mütter –** diese Gruppen gibt es in den meisten Gegenden, und sie sind eine gute Möglichkeit, andere Mütter in ähnlichen Situationen kennen zu lernen.

### DEINE ERWARTUNGEN MÜSSEN REALISTISCH SEIN

Konzentriere dich auf die Tage, an denen alles gut läuft, und nicht auf die, an denen alles Kopf steht.

Stecke dir realistische Ziele für deine Familie und strebt sie gemeinsam an. Plane den Spaß im Voraus, egal ob es dabei um eine Woche Urlaub oder um einen Besuch im Zoo geht. Das Wichtigste ist, deine Kinder zu loben, wenn sie etwas gut gemacht haben. Und **belohne dich auch selbst, weil du dich alleine um die Kinder kümmerst** und weil du es so gut machst.

# KAPITEL 5

# Gesundheit und Schönheit

# Das Schlaflabor

Die meisten unter uns brauchen **nachts sieben bis neun Stunden Schlaf**, um sich wohl zu fühlen. Aber jetzt mal ehrlich – wer hat die schon? Was ist mit den Hausaufgaben der Kinder und deren Aktivitäten, den Terminen in der Arbeit und dem Haushalt? Manchmal scheint es unmöglich, sich Zeit zu nehmen, die Augen zu schließen. Schlafen gehen ist aber nicht ein weiterer Job, den man bewältigen muss. Der Schlaf ist lebenswichtig, damit man sich wohl fühlt und der Körper richtig funktioniert.

Die Menschen, die weniger schlafen, als es für ihren Körper nötig ist, haben das, was Experten ein **„Schlafdefizit"** nennen. Dieser Mangel baut sich mit der Zeit auf und verlangt seinen Tribut, indem er zu Gemütsschwankungen und Depressionen führt. Er kann sich selbst auf den Teil des Gehirns auswirken, der die Erinnerungs- und die Lernfähigkeit verbessern sollte.

Selbst ein geringes Schlafdefizit kann schon ernsthafte Folgen haben. Forscher haben herausgefunden, dass das Schlafdefizit fast die gleiche Wirkung wie das Altern hat und meinen, dass dadurch sogar altersbedingte Krankheiten, wie zum Beispiel Fettleibigkeit, Diabetes und Bluthochdruck, verstärkt zunehmen können. Studien haben ergeben, dass Menschen, die mehr schlafen, viel wacher, produktiver und durchaus glücklicher sind im Leben.

## Wie man nach DREI Stunden Schlaf GENAUSO FIT wie nach ACHT Stunden Schlaf sein kann!

**Es ist sehr wichtig, jede Nacht ausreichend zu schlafen**, damit man top in Form ist und mit den Herausforderungen, die das Leben mit sich bringt, fertigt wird. Wenn das bei dir nicht der Fall ist, werden dir die folgenden Tipps und Tricks helfen, deinen Schlaf qualitativ und quantitativ zu verbessern.

### SCHAFFE DIR EINEN „SCHLAF-HAFEN"

Achte darauf, dass dein Schlafzimmer ruhig, dunkel und komfortabel ist. Die meisten Menschen werden **selbst beim kleinsten Geräusch oder Licht wach**, wie zum Beispiel beim Ticken der Uhr oder vom Fernseh- oder Laptop-Licht. Nutze Springrollos (Jalousien) oder Gardinen zum Verdunkeln, alles, was nötig ist, um dein Zimmer zu einem perfekten Schlafraum werden zu lassen. Die ideale Raumtemperatur ist zwischen mäßig und kühl; wenn es zu warm ist, wird es dich am Einschlafen hindern.

### BRINGE DIE KINDER FRÜH INS BETT

Egal wie lang, du brauchst abends Zeit zum Entspannen, nachdem du die Kinder ins Bett gebracht hast und selber ins Bett gehst. Achte darauf, dass ältere Kinder zur festgelegten Zeit in ihren Zimmern sind, auch wenn sie noch nicht schlafen. Babys und Kleinkinder werden die besten Pläne zunichte machen, doch versuche die Schlafzeiten so gut wie möglich einzuhalten. Schon früh und **streng eingehaltene Schlafzeiten** werden dir viele Jahre Kummer ersparen und dir helfen, ein normales Leben als Erwachsener zu führen.

### DEIN BETT SOLL ZUM SCHLAFEN UND FÜR SEX DA SEIN

Meide es, fernzusehen oder im Bett zu essen und gefühlsgeladene Diskussionen zu führen. Das Bett sollte nur zum Schlafen und für den Sex genutzt werden. Wenn nicht, wirst du wahrscheinlich das Bett mit einer anderen ablenkenden Aktivität in Verbindung bringen, und das führt dazu, dass du schwerer einschlafen kannst. Wenn dich immer noch verschiedene Dinge bewegen, wenn du ins Bett gehst, schreibe deine Sorgen auf ein Blatt Papier auf und lege das Blatt Papier in ein anderes Zimmer. So sind sie am Morgen, wenn du aufwachst, immer noch da, und du kannst dich drum kümmern. Es gibt also keinen Grund, sich die ganze Nacht über Gedanken zu machen.

## ENTSPANNE DICH!

Lass 30 Minuten vor dem Schlafengehen alles los, was deine volle Konzentration fordert oder was zu Stress führt. Laut Schlafexperten sind **die langweiligsten Aktivitäten die besten Schlafförderer!** Du musst irgendetwas tun, das dich vom Versuch, einschlafen zu wollen, ablenkt, aber zur gleichen Zeit so langweilig ist, dass dein Verstand nicht zu sehr angeregt wird. Eines deiner Lieblingsbücher wieder zu lesen oder Bügeln ist ideal.

## VERZICHTE AUF KOFFEIN

Ganz einfach, Koffein kann dich über einen sehr langen Zeitraum wach halten, und es wird **länger als du denkst im Körper gespeichert** – bis zu 14 Stunden. Wenn du also eine Tasse Kaffee zu Mittag trinkst und um Mitternacht immer noch wach bist, kann dies der Grund dafür sein. Wenn du wenigstens vier bis sechs Stunden vor dem Schlafengehen auf Koffein verzichtest, hilft dir das, schneller einzuschlafen. Wenn du schon zu viel Koffein getrunken hast, versuche einige Kohlenhydrate in Form von Brot oder Keksen zu dir zu nehmen, um die Wirkung des Koffeins zu verringern.

## VERZICHTE AUF ALKOHOL

Alkohol kann vielleicht anfangs eine gute Einschlafhilfe sein, doch wenn er vom Körper abgebaut wird, kann er durch Alpträume, Schwitzen und Kopfschmerzen zu Schlafstörungen führen. Um die Symptome zu reduzieren, **trinke ein Glas Wasser für jedes alkoholhaltige Getränk, das du zu dir genommen hast.** Versuche, nach 20:00 Uhr überhaupt nichts mehr zu trinken, damit du in der Nacht nicht auf die Toilette gehen musst.

**ERNÄHRE DICH RICHTIG UND SCHLAF GUT**

Versuche nicht, hungrig ins Bett zu gehen, aber **verzichte auf schwere Speisen vor dem Schlafengehen,** da sie zu Verdauungsproblemen oder zum Säurereflux führen können und der Mageninhalt wieder zurück in die Speiseröhre wandert. Wenn sich ein spätes Abendessen nicht vermeiden lässt, zum Beispiel, wenn du mit deinem Partner zum Abendessen ausgehst, nachdem du die Kinder versorgt hast, raten Ärzte, auf der linken Seite zu schlafen, weil der Magen sich auf der linken Seite befindet und die Speiseröhre von rechts in den Magen mündet. Auf der linken Seite zu liegen heißt, dass die Speiseröhre höher als der Magen liegt, die Speisereste im Magen zurückgehalten werden und ein Aufstoßen verhindert wird.

## VERBIETE DAS SCHNARCHEN

Wenn deine Kinder dich im Schlaf nicht stören, wird das vielleicht dein Partner sehr wohl tun! Wenn er schnarcht, rate ihm, auf einer Seite zu schlafen, Nasenstreifen zu benutzen oder keinen Alkohol mehr zu trinken. Hoher Blutdruck, Übergewicht oder Allergien fördern das Schnarchen.

## TRAINIERE – ABER NICHT ZU SPÄT

Wenn dein Körper durch das Training angenehm müde ist, wirst du besser schlafen. Also beende deine Aerobic-Übungen mindestens zwei Stunden, bevor du ins Bett gehst. **Regelmäßiges Training kann dir helfen, nachts gut zu schlafen.** Die Dauer und die Intensität der Übungen scheinen in ihrer Auswirkung auf den Schlaf eine besondere Rolle zu spielen. Wenn du zu den Typen gehörst, die nach dem Training einen neuen Energieschub bekommen und wacher sind, ist es vielleicht am besten, nicht am Abend zu trainieren.

## HALTE DIE REGELMÄSSIGEN SCHLAFSTUNDEN EIN

**Meide Nickerchen während des Tages** oder an Wochenenden lange liegen zu bleiben. Wenn du Samstagnacht lange wach warst, ist das Ausschlafen am Sonntagmorgen nicht die richtige Antwort, da dies deine innere Uhr nur mehr durcheinander bringt. Wenn du Kinder hast, wird das Ausschlafen eh keine Alternative sein, da deine Kinder dir den Zeitplan diktieren werden. Versuche immer zur gleichen Zeit wie auch unter der Woche aufzustehen und gehe sonntags sehr früh ins Bett. Das wird dein Schlafverhalten wieder in die Normalität zurückbringen und dir helfen, dich am Montagmorgen nicht miserabel zu fühlen.

## KANNST DU IMMER NOCH NICHT SCHLAFEN?

Stresse dich nicht, wenn du meinst, du wirst zu wenig schlafen. Es wird das Ganze nur noch schlimmer machen. Denke daran, dass du irgendwann doch schlafen wirst. Wenn du nach 30 Minuten immer noch nicht schlafen kannst, **stehe auf und tue etwas Stinklangweiliges** bei schwachem Licht, bis du einschläfst.

## SNACKS helfen dir einzuschlafen

Viele Nahrungsmittel enthalten gewisse Substanzen, die sich entspannend auf das Gehirn auswirken. Nimmst du also die richtigen Nahrungsmittel zu dir, bevor du ins Bett gehst, wird dir das helfen einzuschlafen. Wissenschaftler glauben, dass **natürliche Beruhigungsmittel das Gehirn anregen, beruhigende chemische Substanzen auszuschütten,** die zu einem Gefühl der Schläfrigkeit führen.

Wenn du Einschlafstörungen hast, nimm 40 Minuten, bevor du ins Bett gehst, einen dieser schlummerverursachenden Snacks zu dir, damit du nachts gut schlafen kannst.

### HONIG MIT HAFERPLÄTZCHEN

***Zubereitung***

Streiche viel Honig auf zwei Haferplätzchen.

***Warum es wirkt***

Wegen des hohen Zuckergehalts hat Honig eine einschläfernde Wirkung. Es **kurbelt den Serotoninspiegel an** und hat eine beruhigende Wirkung. Wenn das Einschlafen ein Problem ist, kann es wirklich helfen, Honig zu essen, bevor man ins Bett geht. Dr. Judith Wurtmann glaubt, dass Honig tatsächlich die gleiche Wirkung hat wie eine Schlaftablette, aber ohne die Nebenwirkung, sich am Morgen groggy zu fühlen. Auch die Haferplätzchen sind voller Kohlenhydrate, die den Körper anregen, mehr Hormone zu produzieren, die für die Müdigkeit nach dem Essen verantwortlich sind.

### MILCHSHAKE AUS FRISCHEN ERDBEEREN UND ANANAS

***Zubereitung***

Schneide und entstiele zehn Erdbeeren und schäle und schneide zwei große Scheiben frische Ananas. Vermische sie mit 300 ml Halbfettmilch.

***Warum es wirkt***

Milch enthält **natürliche Opiate** (Substanzen, die Müdigkeit verursachen), so genannte Casomorphine, die die Kraft haben, dich schläfrig zu machen. Ananas enthält Bromelien, ein Enzym, das die Verdauung fördert, d. h. die Speisereste werden dir nicht im Magen liegen und nicht zu Schlafstörungen führen.

# Super Hautpflege

Manchmal ist die Schönheit wirklich nur eine Äußerlichkeit – **es gibt nichts, was über einen frischen, strahlenden und faltenfreien Teint geht.** Doch wenn wir älter werden und unsere Hormone ins Schwanken geraten, kann sich unsere Haut verändern. Der Stress, das Kinderhaben und die Menopause können zu Problemen wie Pickel, Pigmentflecken und Hauttrockenheit führen.

Das Geheimnis eines strahlenden Teints ist an einer gesunden, ausgeglichenen Ernährung festzuhalten, viel Wasser trinken, Zeit, um sich selbst zu verwöhnen, den Stress reduzieren und die richtigen Kosmetikartikel für die Pflege deiner Haut auszusuchen. Die Bedeutung einer sorgfältigen Reinigung und des richtigen Schutzes für deine Haut darf nicht unterschätzt werden. **Kümmere dich richtig um deine Haut, und so wirst du alle Probleme unter Kontrolle bekommen.**

Selbstverständlich wird unsere Haut altern, aber dank einiger erstaunlicher Entwicklungen in der Anwendung von Kosmetikartikeln und Hautpflegeprodukten **kannst du diesen Prozess hinauszögern.**

## Wie sorgt man für seine Haut, WENN MAN ÄLTER WIRD?

### MIT 30

Dies ist das Jahrzehnt, in dem deine Haut anfängt, an jugendlichem Glanz zu verlieren, da die Zellerneuerung langsamer wird. Nikotin, Alkohol, die Umweltschadstoffe und UV-Strahlen führen zu einem vorzeitigen Altern der Haut, und wenn du ihnen schon mit 20 zu stark ausgesetzt warst, fangen sie nun an, ihren Tribut in Form von feinen Falten rund um die Augen und den Mund zu fordern. Das Kollagen und Elastin lassen nach, und es entstehen Falten, die zu „Ausdrucksfältchen" im Gesicht werden.
Die Haut sieht etwas stumpfer aus als zuvor und braucht wahrscheinlich länger, um sich von langen Nächten und Stress zu erholen.

***Was du tun kannst:***

- Verwende täglich LSF 20 und trage einen Hut oder halte dich im Schatten auf.
- Steige auf eine reichhaltigere Feuchtigkeitscreme um.
- Peele die alten Hautzellen mit einem Gesichts-Peeling ab, das Alpha-Hydroxid-Säuren (AHA) enthält, damit deine Haut heller strahlt.
- Trage kein schweres Make-up auf. Nimm lieber einen Puderlidschatten, etwas Tönung für Wangen und Lippen und einen matten Lippenstift.

**Mit 40**
Das Tempo, in dem deine Haut sich wieder erneuert, verlangsamt sich deutlich ab 40. Jede Müdigkeit macht sich sofort in deinem Gesicht bemerkbar, und die Blutgefäßchen werden immer sichtbarer. Dein Blutkreislauf und die Lymphdrainage verlangsamen sich ebenfalls, was zu geschwollenen Augen führen kann. **Während der Menopause spielen jedoch die Hormone die wichtigste Rolle,** und die Östrogenabnahme lässt die Haut dünner und trockener werden.

***Was du tun kannst:***

- Verwende Sonnencremes mit LSF 25, um deine Haut vor der Sonne zu schützen und weitere Zellschäden zu vermeiden.
- Verwöhne dich mit monatlichen Gesichtsbehandlungen, um deine Haut in gutem Zustand zu erhalten.
- Verwende eine retinolhaltige Creme als Gesichts-Peeling und um feine Fältchen zu reduzieren.
- Vermeide dunkles Lippen- und Augen-Make-up, da diese die Fältchen betonen. Nimm stattdessen lieber Pfirsich-, Pink- oder Beigetöne und probiere eine lichtreflektierende Grundierung aus Mikro-Mineralien aus.

**Mit 50**
Wenn du deine Haut nicht geschützt hast, werden jetzt Sonnenschäden in Form von Fältchen, spinnenförmigen Blutgefäßen und Pigmentflecken sichtbar. Du wirst vielleicht feststellen, dass sich deine Poren vergrößern. Sie sind eigentlich nicht größer geworden, die Haut rund um die Poren wird mit zunehmendem Alter dicker, und so werden sie überbetont. Der sinkende Östrogenspiegel verringert die Talgproduktion und lässt die Haut dünner werden.

**Was du tun kannst:**

- Suche einen Hautarzt auf, der dir sagen kann, was deine Haut braucht – du wirst feststellen, dass du etwas ganz anderes als in den letzten 30 Jahren brauchst.
- Trage eine reichhaltige Feuchtigkeitscreme mit LSF 25 auf, da der nachträgliche Sonnenschutz, weitere Schäden auf der Haut verhindern kann.
- Wenn du dich für Botox entscheidest, um deine Fältchen zu glätten, suche einen erfahrenen Arzt auf, da Nebeneffekte zu hängenden Augenlieder führen können.
- Dein Make-up sollte deine Gesichtszüge leicht hervorheben. Trage eine lichtreflektierende Grundierung und einen pastellfarbenen Lippenstift auf. Meide Lidschattenpuder, da er sich in den Fältchen ansammelt.

## Die FÜNF HAUTPFLEGEGEHEIMNISSE der Experten

1 **Sie unterziehen sich regelmäßigen Gesichtsbehandlungen.** Jede Haut muss von Zeit zu Zeit etwas verwöhnt werden, doch Experten wissen, dass monatliche Gesichtsbehandlungen den Zustand der Haut verbessern.

2 **Sie geben Geld aus für ihre Augen.** Hautexperten tragen Augencremes dick auf. Die Haut rund um die Augen ist sehr dünn und deshalb für vorzeitige Fältchen anfällig. Ein kleiner Tupfer Creme auf die Augenpartie kann feine Fältchen verhindern.

3 **Sie verwenden die richtige Reinigungsmilch.** Bei fettiger, akneanfälliger Haut probiere ein salizylsäurehaltiges Gel aus. Wenn deine Haut trocken und empfindlich ist, brauchst du eine Reinigungscreme oder -milch mit beruhigenden Inhaltstoffen, wie zum Beispiel Kamille oder Aloe.

4 **Sie hüten sich vor der Sonne.** Trage einen Hut, trage täglich eine Sonnencreme mit hohem Lichtschutzfaktor dick auf und gehe nie ins Solarium.

5 **Sie übertreiben nicht mit Gesichts-Peelings.** So sehr wir auch unserer Haut helfen wollen, indem wir alle Unreinheiten herausschrubben, alles, was sie braucht, ist ein bisschen Öl zum Schutz. Mach das einmal die Woche, um Hautreizungen zu vermeiden.

# Akne bei Erwachsenen

**Eine der letzten Epidemien, von der gestresste Frauen befallen werden, ist die Akne.** Dermatologen berichten, dass es noch nie so viele 30- bis 40-jährige Frauen gab, die unter einem ernsthaften Pickelproblem leiden, wie heute.

Teenager, die an Akne leiden, trösten sich mit dem Gedanken, dass sie aus ihrem Pickelproblem herauswachsen werden, aber **viele ältere Frauen haben zum ersten Mal in ihrem Leben Akne.** Diejenigen, die an Akne leiden, haben überempfindliche (Fett produzierende) Talgdrüsen, verglichen mit dem normalen Level des männlichen Hormons Testosteron. Die Zellen, die für den Haarfollikel verantwortlich sind, werden klebrig, und statt sich wie gewohnt zu schuppen, verstopfen sie den Kanal, sodass das Fett und die abgestorbene Haut nicht abfallen können. Um die Verstopfung herum entwickeln sich Bakterien, die Entzündungen hervorrufen und zu roten Flecken führen.

Im Falle einer spät ausgebrochenen Akne geht man davon aus, dass Stress der Hauptauslöser für die Überproduktion männlicher Hormone ist. Diäten können das Problem wesentlich verschlimmern – Studien haben ergeben, dass zuckerhaltige Kohlenhydrate zu einer Verschlimmerung der Akne beitragen, aber sie sehen darin nicht den dafür verantwortlichen Auslöser. Es liegt auch nicht an einer mangelnden Hautpflege – es ist tatsächlich so, dass das häufige Reinigen der Haut zu viel Fett entfernt, und somit muss die Haut mehr Fett produzieren, was zu viel mehr Flecken führt. Eine sanfte Reinigungsmilch zusammen mit einer fettfreien Feuchtigkeitscreme ist bestens geeignet, um die Haut faltenfrei zu bewahren.

## Wie man sie BEKÄMPFEN KANN

Die erste Behandlung einer leichten Akne ist für gewöhnlich der Einsatz einer Hautcreme oder eines Gels, das Benzyl-Peroxid enthält. Das kann aber zu Wunden und roten Flecken auf der Haut führen. Der Arzt wird dir vielleicht Antibiotika-Tabletten und sicherlich auch die Antibabypille, wie zum Beispiel die Dianette, verschreiben. Die derzeit stärkste Arznei sind Roaccutan-Tabletten, die die Behandlung von Anke revolutioniert haben. Sie sind sehr effektiv, haben aber einige unangenehme Nebenwirkungen. Sie können zum Beispiel zu Leberproblemen, Depressionen und Hauttrockenheiten führen und dürfen nur von einem Dermatologen verschrieben werden. Sie können auch zu ernsthaften Störungen während der Schwangerschaft führen. Die neueste Errungenschaft in der Behandlung von Akne ist die Laser-Therapie, die auch als NLite bekannt ist und so wirksam ist, weil sie die Bakterien in der Haut abtötet. Sie scheint bei roter und stark entzündlicher Akne besonders gut zu wirken.

# Zeit für sich selbst haben

Reaktionen wie zum Beispiel leichtes Aufbrausen, Frust und das Gefühl, den Tränen nahe zu sein, können Anzeichen dafür sein, dass du dir zu wenig Zeit für dich selbst genommen hast, um zu entspannen und zur Ruhe zu kommen. Du spürst vielleicht auch die angestaute Verbitterung, die Hand in Hand mit der Erschöpfung und dem Schlafmangel geht.

Prämenstruelle Gemütsschwankungen sind normal, aber achte auf die Stimmungsschwankungen, die hartnäckig und ungewöhnlich sind. Für deine geistige Gesundheit ist es wichtig, dir eine „Ich-Zeit" zu gönnen, und noch viel wichtiger ist sie für diejenigen, die die zusätzliche Verantwortung für eine Familie tragen. **Du musst dich um deine Bedürfnisse kümmern, damit du ausgeglichen und stark den Herausforderungen deines Lebens entgegentreten kannst.** Hier einige Wege, wie du deine Lebensperspektive erfrischen und trotz vollem Terminkalender etwas Zeit für dich haben kannst:

## EIN RUHIGER MORGEN

Der Morgen kann hektisch und voller Aktivitäten gepackt sein. **Stehe früher auf, indem du deine Uhr 15 bis 20 Minuten früher als gewohnt einstellst,** damit du eine Tasse Kaffe trinken, ein Buch lesen, meditieren oder einige Dehnübungen machen kannst. Strenge dich wirklich an, nichts im Haushalt zu tun, bis die anderen Familienmitglieder anfangen, Krach zu schlagen.

## MACH EIN NICKERCHEN

Ein 15-Minuten-Nickerchen am späten Nachmittag **kann Wunder wirken und dich neu beflügeln.** Ein kleines Nickerchen, kurz bevor du die Kinder aus der Schule abholst, wird dir einen neuen Energieschub geben, der dich durch den ganzen Abend hindurch tragen wird. Wenn du die ganze Woche über arbeitest und das nicht möglich ist, versuche im Gegenzug, am Samstag- oder Sonntagnachmittag heimlich ein Nickerchen zu machen.

## ENTWICKLE NEUE PERSPEKTIVEN

Wenn du den Eindruck hast, in der Alltagsroutine hängen geblieben oder unter einem Berg von Verantwortungen begraben zu sein, nimm dir etwas Zeit, um dem Alltag zu entfliehen, **indem du etwas ganz Neues ausprobierst**. Es kann so etwas Einfaches sein wie zum Beispiel ein Abendkurs, den du noch nie besucht hast, eine Vorlesung, an der du teilnimmst, oder eine Ausstellung, die du besuchst, oder ein abenteuerliches Fallschirmspringen oder Wanderurlaub. Selbst eine kleine, neue Aktivität kann dich ablenken und dir das Gefühl geben, dass du lebst.

## EIN WELLNESSTAG

Es kann sehr schwer werden, etwas Zeit für eine Gesichtsbehandlung, einen Friseurbesuch, eine Massage oder Maniküre zu finden. Um Enttäuschungen zu vermeiden, weil du es nicht schaffst, hierfür regelmäßigen Termine einzuhalten, buche einmal im Monat einen Tag in einem Kurort oder einem Salon für eine Behandlung vom Scheitel bis zur Sohle. **Betrachte das als einen Miniurlaub,** und du wirst dich fühlen, als hättest du eine wohl verdiente Pause von der Welt gehabt.

# Schnelle Beauty-Lösungen

Es ist manchmal so, als hätte man nicht genügend Zeit, seine Haare zu kämmen, geschweige denn sein ganzes Gesicht zu schminken. Aber nachdem du deine 20er-Jahre überschritten hast, steht es außer Frage, ungeschminkt aus dem Haus zu gehen. **Du musst allzeit perfekt gestylt aussehen** – aber in Rekordzeit.

## Vereinfache deinen SCHMINKKOFFER

So kannst du deinen Schminkkoffer bis auf die zehn wichtigsten Schlüsselprodukte, die du wirklich brauchst, reduzieren.

1 **Grundierungen**
Wähle eine mittlere Grundierung aus, die zu deinem Hauttyp passt. Einige Kosmetikunternehmen werden dir deinen persönlichen Farbton mischen, der perfekt zu dir passt. Es ist etwas teurer, aber es lohnt sich. Und bedenke, du musst die Grundierung nicht jeden Tag auf das ganze Gesicht auftragen. Verwende nur das, was du brauchst, und wenn deine Haut gut aussieht, kannst du Zeit einsparen und den Schritt überspringen.

2 **Abdeckcreme**
Kaufe einen Farbton, der eine Nuance heller als deine Haut ist, und trage sie mit einem sauberen Lippenstiftpinsel auf, um dunkle Schatten, Flecken und andere Hautunreinheiten in Sekundenschnelle zu verdecken. Einige Puderdosen enthalten zwei Farbtöne, die du zusammenmischen kannst, um den perfekten Hautton zu treffen.

3 **Puder**
Loser Puder eignet sich besonders gut, wenn du zu Hause bist, da er dir das natürlichste Aussehen gibt und leicht aufzutragen ist. Es lohnt sich, in eines der tollen kleinen Büchlein mit Puderpapier zu investieren, damit du es in deiner Tasche zur Nachkorrektur immer griffbereit hast.

4 **Augenbrauenstift**
Entscheide dich für den gleichen Farbton wie deine Augenbrauen und verwende ihn für mehr Volumen oder zum Betonen, wenn das nötig ist.

5 **Eyeliner**
Verwende einen feinen Stift, mit dem du die Farbe schnell und leicht auftragen kannst.

6 **Lidschatten**
Besorge dir eine Farbe für den Alltag und einen glitzernden Lidschatten für den Abend. Vergiss aufwändige Lidschattentechniken – sie sehen sehr altmodisch aus und sind zeitraubend. Bleibe bei Lidschattenkombinationen aus einer oder zwei Farben, damit es einfach geht und frisch aussieht.

7 **Rouge**
Der richtige Farbton wird dich jünger und gesünder aussehen lassen. Creme- und Gel-Rouge sind am schnellsten und leichtesten aufzutragen. Trage einen Klecks auf beide runde Wangenknochen auf und verteile ihn mit den Fingern.

8 **Lip Pencil**
Hebe ihn für Ausgehabende auf. Vermische ihn immer, um harte Konturen zu vermeiden. Wenn du wirklich darunter leidest, dass der Lippenstift verläuft, trage darunter eine versiegelnde Salbe auf oder eine Grundierung. Das wird das Verlaufen auch ohne harte Lippenkonturen beseitigen.

9 **Lippenstift**
Vergiss das Herumspielen mit den Bürsten. Es ist einfacher und genauso effektiv, den Lippenstift direkt aus der Tube aufzutragen. Achte darauf, dass du einen neutralen Farbton und eine gewagtere Farbe für den Abend hast.

10 **Maskara**
Trage es jeden Tag auf, um deine Augen besser zu betonen und längere Wimpern vorzutäuschen. Nimm wasserfestes Maskara mit Verlängerungseffekt, damit du es nicht neu auftragen musst und im Laufe des Tages keine verschmierte Wimperntusche unter den Augen hast.

## Drastische MASSNAHMEN

Du bringst die Kinder zu spät in den Kindergarten, und weder du noch das Kind seid angezogen. Gerate nicht in Panik: So kannst du in nur wenigen Minuten „natürlich fabelhaft" aussehen.

1 **Lass das Duschen** und erfrische dich mit einigen Babytüchern, einem Spritzer Deo und Duftwässerchen.

2 **Wenn dein Nagellack absplittert,** entferne ihn einfach mit einem Fertig-Wattepad und trage keinen Nagellack, aber schrubbe die Nägel schnell ab. Schmutzige Fingernägel sind ein absolutes No-No.

3 **Keine Zeit, deine Zähne zu putzen?** Ganz einfach. Kaue einen Kaugummi oder einige Pfefferminzbonbons für einen frischen Atem.

4 **Klatsche etwas Feuchtigkeitscreme auf dein Gesicht** und in deine Hände.

5 **Pudere dein Gesicht ganz schnell ab.** Trage einen Strahlemacher auf. Verdecke die dunklen Ringe und Flecken mit einem Abdeckstift. Nimm danach einen Stift mit einer neutralen Farbe für die Wangen, Augen und Lippen. Zum Schluss trage ganz schnell etwas Maskara auf.

6 **Binde deine schmutzigen Haare zu einem klassischen Chignon** oder mit einem Haarband zusammen, das lässt dich frisch gewaschen und sauber aussehen.

# Das Altern überwinden

Obwohl sich das Altern leider nicht vermeiden lässt, müssen die Anzeichen dafür nicht zur Schau tragen werden. Die meisten Anzeichen, die wir fürs Altern verantwortlich machen, sind eigentlich die **angehäuften Auswirkungen unseres Lebensstils**, wie zum Beispiel das Rauchen, zu viel Sonneneinstrahlung, eine unausgewogene Ernährung und Stress. Heutzutage kannst du beim Kosmetikhändler um die Ecke jede Menge Mittelchen kaufen, die das Altern vertuschen und dir helfen, einige der Schäden zu beseitigen.

So kannst du **den Alterungsprozess verlangsamen** und ein Facelifting hinauszögern:

### TRAGE EINE SONNENSCHUTZCREME AUF

Am Morgen, bevor du in die Arbeit gehst, **trage eine LSF-25-Creme auf oder eine Make-up-Grundierung mit UV-Schutz.** Du kannst auch eine Feuchtigkeitscreme mit Sonnenschutz auftragen. Diese Gewohnheit wird den Alterungsprozess deiner Haut auf Dauer erheblich beeinflussen.

### TRAGE SONNENBRILLEN

**Du wirst nicht so oft blinzeln müssen.** Das häufige Blinzeln führt zu kleinen Altersfältchen. Entscheide dich für Brillen, die über die Augenränder hinausgehen als Schutz gegen Krähenfüße. Und vergiss auch nicht, einen Hut aufzusetzen.

### MEIDE SONNENBANKEN

**Nichts ist sicherer als die Bräune aus der Tube.** Die meisten Experten sind der Meinung, dass Sonnenbanken viel schädlicher sind, da sie über eine höhere Konzentration an UVA-Strahlen verfügen. UVA-Strahlen dringen tiefer in die Haut ein, und wir wissen noch nicht, was die Langzeitnebenwirkungen dieser tieferen Einwirkung sind. Wir wissen jedoch, dass sie die Haut schneller altern lassen.

### Verwende die richtigen **Anti-Aging-** Kosmetikprodukte

Wenn du eine Feuchtigkeitscreme mit Alpha-Hydroxid-Säure verwendest, achte darauf, dass sie genügend davon enthält. Wenn man eine wirksame Creme sucht, sucht man normalerweise eine, die zehn Prozent Glykol oder Alpha-Hydroxid-Säuren enthält. Einige Kosmetikprodukte werben mit Vitamin C oder Derivaten wegen deren antioxidierenden Wirkung. Obwohl es stimmt, dass Vitamin C über potenzielle Antioxidantien verfügt, dringen viele dieser Hautcremes nicht in die Haut ein. Wenn du schon Geld für ein Produkt ausgibst, beachte die Hinweise ganz genau.

### Entwickle ein **Nacht-Ritual**

Abends hast du mehr Zeit, deine Haut zu pflegen, also lass es zur Gewohnheit werden. **Zu deinem Hautpflegeprogramm sollten retinolhaltige Hautpflegeprodukte nach der Reinigung gehören**, die die Schichten abgestorbener Hautpartikel peelen und den tieferen Schichten Feuchtigkeit spenden.

### Rauche **nicht**

**Das Rauchen zerstört die natürlichen Eiweißstoffe, das Kollagen und Elastin der Haut.** Es verringert auch die Blutzufuhr an die Haut und führt zu bleibenden Runzeln um den Mund.

# Iss dich jünger

Nicht nur das, was du auf die Haut aufträgst, kann Fältchen verhindern, **was du isst, ist genauso wichtig.** Obwohl eine gute Hautpflege, viel Schlaf und weniger Sonneneinstrahlung das Älterwerden hinauszögern, spielt die ausgewogene Ernährung ebenfalls eine wichtige Rolle.

Keine Lotion und kein Mittelchen dieser Welt, auch wenn sie noch so teuer sind, werden dir helfen, die Spuren der Zeit hinauszuzögern, es sei denn, du nimmst die richtigen Antioxidantien zu dir, wie zum Beispiel, laut Studien, **buntes Obst und Gemüse, Fisch und – ob du's glaubst oder nicht – Schokolade.** Das ist auf die Chemikalien, auch Antioxidantien genannt, zurückführen, mit denen sie vollgepackt sind. Diese kämpfen gegen die Schäden durch „Freie Radikale" an, die die Zellen im Körper zerstören und einen vorzeitigen Alterungsprozess auslösen.

## ACHT ANTI-AGING-Supernahrungsmittel

1 **Äpfel**
Dieses Obst hat eine Anti-Aging-Wirkung, weil es eine der reichsten Quellen an Flavonoiden (**die stärksten Antioxidantien)** ist, die deine Hautzellen vor den schädlichen Umweltchemikalien schützen.

2 **Beeren**
Lila, dunkelrote und blaue Beeren sowie dunkle Kirschen erhalten ihre Farbe durch das Antioxidations-Flavonoid Anthocyanin und eignen sich deshalb besonderes gut als Anti-Aging-Mittel. Studien belegen, dass sie **die Arterienwände und die kleinen Blutgefäße stärken** und das Auftreten hässlicher Kapillaren im Alter verhindern.

3 **Paranüsse**
Sie sind die reichste Selenquelle, ein Antioxidationsenzym, das freie Radikale neutralisiert und als krebshemmendes Mittel anerkannt ist.

### 4 Grünes Gemüse

Gemüsearten, wie zum Beispiel Broccoli und Spinat, sind gute Anti-Aging-Mittel, da sie über eine Vielfalt an Phytochemikalien verfügen. Diese **regen die Enzymproduktion als natürlichen Schutzmechanismus im Körper an** und entgiften den Körper von all den krebserregenden und Alterungs-Chemikalien.

### 5 Schokolade

Oh ja! Menschen, die regelmäßig Schokolade verzehren, **leben im Durchschnitt ein Jahr länger.** Das ist auf die Phenole (eine Art Antioxidantionsmittel) zurückzuführen, die in allen Lieblingsleckereien der Frauen vorkommen.

### 6 Kiwis

Enthalten **doppelt so viel Vitamin C wie Orangen** und genauso viel Vitamin E wie Avocados, beides starke Anti-Aging-Nährstoffe.

### 7 Fetter Fisch

Makrelen, Sardinen, Lachs und Forelle sind einige der reichsten Quellen an **schützenden Omega-3-Fettsäuren.** Du brauchst nur zwei Mahlzeiten die Woche fetten Fisch zu dir zu nehmen, und schon wirst du von deren Anti-Aging-Wirkung profitieren können.

### 8 Sojamilch und -nahrungsmittel

Sie haben eine Anti-Aging-Wirkung, weil sie über Isoflavone verfügen. Diese pflanzlichen Hormone sind deckungsgleich mit dem weiblichen Sexualhormon Östradiol, das von den Eierstöcken und den Adrenalindrüsen produziert wird. **Sie verhindern Herzerkrankung und Osteoporose und bekämpfen die Symptome der Menopause.**

# Die Ernährung der Familie

Hüte dich vor den Fallen der Nahrungszubereitung für die Familie. Angefangen vom Zubereiten der Pausenbrote um 6:00 Uhr für die Kinder bis abends, wenn du oftmals zwei Gerichte kochen musst – eines für die hungrigen Kinder und später noch mal eins für deinen Partner –, **musst du den ganzen Tag über die Nahrungsbedürfnisse anderer immer im Hinterkopf behalten.**

Auch wenn es unmöglich erscheint, die Zahl der Mahlzeiten, die du zubereiten musst, zu reduzieren, kannst du selbst auf die Art und Weise, wie du mit Lebensmitteln umgehst, achten. Ob du es nun magst oder nicht, deine Einstellung gegenüber Lebensmitteln **wird die deiner Familie prägen.**

## ESST ZUSAMMEN

Bemüht euch, einmal täglich zum Essen zusammen am Tisch zu sitzen – am besten zum Abendessen. Das gibt dem Abendessen **einen Anfang und ein Ende** und verhindert lange Essenszeiten, wenn die Familienmitglieder zu unterschiedlichen Zeiten von ihren Aktivitäten oder aus der Arbeit hereintrödeln. Es verkürzt auch deine Zeit in der Küche und schützt die Familie vor Überernährung.

## GESUNDE ALTERNATIVEN

**Bereite hauseigene Versionen der beliebtesten Junk-Foods zu**, wie zum Beispiel Burger, Chips und Pizza. Reiche zu den gegrillten Burger lieber einen Salat statt einer Semmel, belege einen Vollkorn-Pizzateig mit Gemüse und nimm weniger Käse oder bestreiche die Kartoffelhälften mit etwas Olivenöl und backe sie im Ofen, statt sie zu frittieren.

### LASS DIR IN DER KÜCHE HELFEN

Wenn du deine Kinder und deinen Partner bittest, dir bei der Planung und Zubereitung der Mahlzeiten zu helfen, wird es dich entlasten und ihnen die Gelegenheit bieten, **etwas über die gesunde Ernährung zu lernen.**

### DU KANNST NICHT ESSEN, WAS DU NICHT EINGEKAUFT HAST

Gehe nicht einkaufen, wenn du hungrig bist, da du viel mehr versucht sein wirst, weniger nahrhafte Lebensmittel zu kaufen. Wenn die Lebensmittel nicht zu Hause sind, kannst du sie auch nicht essen. Du bist wahrscheinlich diejenige in der Familie, die hauptsächlich einkaufen geht, **so liegt es nun an dir, die Richtung vorzugeben.** Wenn Kinder nach Leckereien schreien, lass sie aus zwei guten Alternativen wählen – wenn du sie wählen lässt, denken sie, dass sie die Kontrolle haben.

### MEIDE FERTIGNAHRUNG

Ab und zu greift jeder auf Fertignahrung zurück, aber die meisten Fertiggerichte aus dem Supermarkt enthalten viel mehr Kalorien, Salz und Zucker als ähnliche Gerichte, die mit frischen Zutaten zu Hause zubereitet werden. **Versuche größere Mengen Eintöpfe zuzubereiten** und friere sie übers Wochenende für die kommende Woche ein.

### ESSEN IN DER GASTSTÄTTE

Es wird gerecht geteilt. Kindergerichte in der Gaststätte sind extrem ungesund. Um das wieder gutzumachen, **teile das Gericht eines Erwachsenen mit deinen Kindern und bestelle zusätzlich noch einen Salat oder eine Gemüsebeilage.** Den Nachtisch auf zwei oder vier zu teilen heißt: Jeder kostet ein bisschen davon, ohne dabei die ganze Menge an Kalorien zu sich zu nehmen.

# Das Diät-Dilemma

Es gibt viele verschiedene Diäten, die auf die Persönlichkeit und den Lebensstil jedes Einzelnen abgestimmt sind, **aber es kann sehr schwer sein, sich an das Programm zu halten.** Du wirst vielleicht feststellen, dass du viel mehr Gerichte kochst oder verschiedene Zutaten einkaufst, damit du deine Diät und die deiner Familie befolgen kannst, und dass du beim Kochen immer wieder in Versuchung gerätst.

Die praktischste und dauerhafteste Alternative ist jedoch, deine Essgewohnheiten jeden Tag umzustellen, indem du eher kleine Mengen zu dir nimmst, Gegrilltes statt Gebratenes und reichhaltige Nahrungsmittel und Saucen reduzierst. Schon nur durch einige neue Ernährungsrichtlinien wirst du die **Pfunde mühelos purzeln lassen.**

## Fünf Wege, wie du es verhindern kannst, EIN SKLAVE DER WAAGE ZU WERDEN

### 1 PUTZ DEN TELLER NICHT LEER

Wenn dein Körper älter wird, verbrennt er langsamer Kalorien. Obwohl du vielleicht dieselbe Diät befolgst, die dich mit 20 schlank gehalten hat, funktioniert sie mit 40 nicht mehr. Wenn du nur 100 Kalorien weniger zu dir nimmst – **was genau den zwei Bissen, die du auf deinem Teller übrig lässt, entspricht** –, wirkt es dem entgegen.

### 2 DENKE NACH, BEVOR DU TRINKST

Studien belegen, dass dein Körper kein Sättigungsgefühl für die vielen Kalorien hat, die du über Getränke zu dir nimmst. Deshalb nimmst du durch flüssige Kalorien an Gewicht zu, da du später viel zu viel essen wirst. Wenn Lust auf einen Drink hast, bestelle ein Glas Wasser und einen gesunden Snack.

### 3 VON ZAHLEN BESESSEN

Dein Gewicht schwankt jeden Tag, es schwankt sogar zwischen Morgen und Abend, nimm also das, was deine Waage dir sagt, nicht als bare Münze. **Es ist besser, anhand der Kleidung abzuschätzen, ob du einige Pfunde loswerden musst.** Wenn sie zu eng ist, iss weniger!

### 4 LASS ES ZUR GEWOHNHEIT WERDEN, IN FORM ZU BLEIBEN

**Mit zunehmendem Alter wird es schwerer werden, dir Zeit zum Trainieren zu nehmen.** Denk dran, das Training ist gesund für dich, gibt dir die Kraft, Gesundheit und Lebensfreude, um deine kleine Welt reibungslos funktionieren zu lassen. Wenn du regelmäßig Sport treibst, wirst du dich innerlich und äußerlich wohler fühlen.

## 5 BAUE DEN STRESS AB

An manchen Tagen ist es eine wahre Leistung, ohne größere Probleme bis Mitternacht durchzuhalten. **Stress ist einer der wichtigsten Gründe, warum Frauen übermäßig viel essen.** Wenn du also jeden Tag einige Minuten zum Entspannen einplanst, wirst du erfolgreich abnehmen. Nimm ein heißes Bad, lass die Musik laufen oder nimm Yogaunterricht – tue alles, was deinen Blutdruck wieder sinken lässt!

# Zehn Wege, wie man zehn Jahre jünger aussehen kann

1 ***Schlafe tief durch***
Mindestens acht Stunden am Tag werden dich um Jahre jünger aussehen lassen. Gehe so früh wie möglich ins Bett, am besten vor Mitternacht.

2 ***Sei rank und schlank***
Kehre wieder zu der Figur deiner Jungend zurück, indem du dich visueller Tricks bedienst, um Länge und eine schlanke Linie vorzutäuschen. Enge Bootcut-Jeans oder Hosen in Kombination mit einem nicht zu engen dazu passenden Top und Stöckelschuhen werden ein perfektes Bild ergeben.

3 ***Übertreibe nicht mit Diäten und Fitness***
Das lässt dich dürr und abgemagert aussehen. Rundere Gesichtszüge sehen jünger aus und füllen die Falten aus. Ein bisschen Fitness bringt den Blutkreislauf in Schwung und erinnert die Muskeln an ihre Existenz. Zu viel und intensive Fitness, vor allem an der frischen Luft, lässt dich erschöpft aussehen.

4 ***Stehe gerade***
Mit ungefähr 30 Jahren haben die meisten von uns schon eine krumme Haltung, ohne es bewusst wahrzunehmen. Eine krumme Haltung lässt dich älter fühlen und aussehen, als du bist. Für die richtige Haltung musst du den Kopf hochhalten und das Kinn gerade zurückziehen.

5 ***Strahle***
Achte darauf, dass deine Haare in gutem Zustand sind. Glänzende Haare sind jugendlich und drehen die Zeit effektiv zurück. Während du dich auf deine Haare konzentrierst, achte darauf, immer einen modischen Haarschnitt zu haben. Es gibt wirklich nichts, was eine Frau älter aussehen lässt, als eine langweilig, steife Frisur. Versuche, deine Frisur mit Hilfe einer guten Hairstylistin wenigstens alle zwei bis drei Jahre zu verändern.

6

***Pflege dein Äußeres***

Unsere Augenbrauen werden genauso wie unsere Haare mit zunehmendem Alter dünner. Es hilft, sie mit künstlichen Augenbrauen aufzufüllen und zu erweitern, um die Augen zu betonen und dem Gesicht eine Kontur zu verleihen. Wenn es an Zeit mangelt, tut das ein Puder für die Augenbrauen viel dezenter und schneller als ein Stift.

7

***Achte auf weiße Zähne***

Gelbe, verfärbte Zähne lassen dein Gesicht um Jahre älter aussehen. Es ist heutzutage so leicht und billig, deine Zähne zu Hause aufzuhellen. Für deutlichere Ergebnisse bitte deinen Zahnarzt, das Bleaching in seiner Praxis durchzuführen.

8

***Trink viel Wasser***

Sei lieber eine saftige Pflaume als eine Dörrpflaume. Trinke acht bis zehn Gläser Wasser pro Tag statt Kaffee oder Tee. Koffein entzieht dem Körper Wasser und lässt deine Haut sich wie ein zerknittertes Papier anfühlen und aussehen.

9

***Höre auf, dir Sorgen zu machen***

Wenn du Probleme hast, versuche sie zu lösen und verbanne sie danach aus deinem Verstand. Stress und Sorgen lassen dich ausgelaugt aussehen und machen dich anfälliger für Krankheiten. Sie bescheren dir schlaflose Nächte und ruinieren deine Schlafqualität.

10

***Habe Sex***

Schottischen Studien zufolge wirst du zehn Jahre jünger aussehen, wenn du dreimal die Woche Sex hast. Ein reges Sexualleben war der zweitwichtigste Grund dafür, wie jung eine Person aussieht. Nur regelmäßiges Training erwies sich wichtiger als Sex, wenn es darum ging, das Altern unter Kontrolle zu halten.

# Wie man die Spuren der Zeit verwischt

**Heutzutage scheint es für alle „in“ zu sein:** hier ein bisschen und dort ein bisschen was ändern, ein Füllmittelchen hier oder eine Botoxspritze dort. Obwohl sie früher nur den Reichen und Schönen vorbehalten war, ist die plastische Chirurgie heutzutage unter gewöhnlichen Menschen gang und gäbe.

Minimal invasive Eingriffe mit Kollagen und Botox sind ebenfalls sehr beliebte Methoden, die Spuren der Zeit zu verwischen. Das Gleiche gilt für die Oberflächenbehandlung der Haut mit Laserstrahlen und chemischen Peelings. Doch die invasiven chirurgischen Eingriffe, wie zum Beispiel das Eyelifting oder Facelifting, werden heute als etwas ganz Normales angesehen.

Es wird immer ein Druck sein, gut auszusehen, doch sich für oder gegen einen chirurgischen Eingriff zu entscheiden ist eine persönliche Angelegenheit. Schönheit ist subjektiv, was zählt, ist, wie du dich selbst findest. Also ist es wichtig, das Beste aus dem, was du hast, zu machen. Wenn es aber etwas gibt, das dich an dir stört, **unternimm was dagegen und verbessere es, solange es im Rahmen bleibt.** Während ein guter kosmetischer oder plastischer Chirurg dein Aussehen auf erstaunliche Weise verändern kann, kann zu viel des Guten unnatürlich oder sogar seltsam aussehen. Eine kleine Falte hier und dort, die das Gesicht mit Leben erfüllt, ist weitaus attraktiver als der ewige Überraschungs-Look.

Wenn du irgendetwas an dir machen lassen willst, überprüfe die Referenzen des Chirurgen. Wie jede ärztliche Behandlung **birgt auch dieser Eingriff ein gewisses Risiko und ist sehr teuer.** Die gute Nachricht ist, dass die Techniken in den letzten zehn Jahren viel ausgefeilter sind. Das heißt, dass die OP, die von einem erfahrenen Arzt durchgeführt wird, heute viel sicherer als früher ist und dass auch die Ergebnisse viel besser sind.

## DAS SKALPELL oder ein nicht-operativer Eingriff?

**Was man ohne plastische Chirurgie beheben kann:** Du wirst staunen, wie viel besser Problempunkte, wie die folgenden, aussehen werden, wenn du sie mit Kosmetika oder mit nicht-operativen Methoden wie zum Beispiel Laser, chemischen Peelings, Botox oder Füllmittel behandelst:

- Dunkle Augenringe
- Hautverfärbungen oder Pigmentflecken
- Fältchen um den Mund
- Vertikale Stirnfältchen zwischen den Augenbrauen
- Fältchen an der Oberlippe
- Feine Fältchen an den Wangen
- Feine Fältchen unter den Augen
- Zarte Fältchen um die Augen
- Trockene oder fleckige Haut
- Fettige, ungleichmäßige Haut
- Leichte Fülle um den Kiefer
- Doppelkinn

**Glaube nicht jedem Schwindel,** wenn es um folgende Probleme geht, du musst entweder lernen, sie zu lieben, oder dich für eine OP entscheiden:

- Hängelider
- Geschwollene oder tiefe Augenringe
- Tiefe Einkerbungen zwischen den Augenbrauen
- Hängebacken, die unter dem Kieferknochen hängen
- Hängehaut und tiefe Gesichtsfalten
- Sehr lockere Haut am Hals
- Mangelnde Wangenfülle

## Gehe die PROBLEMPUNKTE an

Wenn die meisten von uns aufwachen und in den Spiegel gucken, sind wir eigentlich zufrieden mit dem, was wir sehen. Bis wir uns etwas genauer betrachten und **die runzelige Stirn entdecken,** die so bleibt, auch wenn du die Stirne nicht runzelst; oder **die dunklen Augenringe, die nie mehr verschwinden,** egal wie lange du schläfst. Und wenn wir schon darüber reden, wäre es nicht schön, wenn dein Kinn nicht mehr so hängen würde?

Mach dir keine Gedanken, **Hilfe naht**. Probiere einige dieser Tricks aus, um die Märchen erzählenden Zeichen des Älterwerdens zu bekämpfen und so jung auszusehen, wie du dich fühlst.

### BESEITIGE DIE AUGENSÄCKE

***Wodurch werden sie verursacht?***

Blutgefäße treten unter der Haut hervor, oder die Haut, die hyperpigmentiert ist, wird aufgrund von Sonneneinwirkung dunkler.

***Do-it-yourself***

**Retinol**, eine Art Vitamin A, das in rezeptfreien Produkten vorkommt, hilft die Augenringe auf zwei Arten zu beseitigen: erstens durch das Verblassen von Melanin, dem Hautpigment, das oftmals zu einer Verdunklung der Haut führt; und zweitens durch das Anregen der Kollagenproduktion, einer Substanz, die der Haut die Fülle gibt. Rechne damit, die Veränderung in den nächsten drei bis sechs Monaten zu sehen.

***Chirurgische Möglichkeiten***

Der Vbeam-Laser, ein Lasergerät auf dem neuesten Stand, das die Blutgefäße unter der Haut versiegelt, ohne dabei die Haut zu schädigen.

## HALTE DEIN KINN HOCH

***Wodurch wird es verursacht?***
Hängebacken und ein Doppelkinn sind das Ergebnis genetischer Fehler, der Schwerkraft, der Sonnenschäden und der Neuverteilung der darunter liegenden Fettschicht des Kiefers.

***Do-it-yourself***
Hautstraffende Cremes. Diese Produkte haben keine dauerhafte Wirkung auf die Haut, aber sie können klarere Konturen schaffen, indem sie die oberen Hautschichten straffen.

***Chirurgische Möglichkeiten***
Fettabsaugung. Ja, sie ist kostspielig, aber der chirurgische Eingriff ist die einzige dauerhafte Lösung. Außerdem ist es heute ein einfacher Eingriff mit einem sehr geringen Risiko. Bevor du dafür unterschreibst, achte darauf, dass der Chirurg registriert ist und den Eingriff schon mindestens 100 Mal durchgeführt hat.

## VERGISS DIE STIRNFALTEN

***Wodurch werden sie verursacht?***
Durch die wiederholten Kontraktionen der Muskeln, die für das Stirnrunzeln verantwortlich sind, brennen sich die Falten tief zwischen den Augenbrauen ein.

***Do-it-yourself***
**Für Stirnfalten** gibt es ein gut bewahrtes und berühmtes Faltenvernichtungs-Geheimnis. Diese Klebestreifen werden sanft auf die Stirn geklebt, um die Muskeln im Schlaf zu glätten und zu entspannen. Oder versuche es mit einer der neuen Hautcremes zur äußerlichen Behandlung, die sich „Botox im Glas" nennen. Die meisten enthalten Inhaltsstoffe, die die Kontraktionsfähigkeit deiner Muskeln verringern. Es dauert ungefähr zwei Monate, bis du die volle Wirkung sehen kann – eine leichte, aber hoffentlich sichtbare Reduzierung der Stirnfalten.

***Chirurgische Möglichkeiten***
**Botox**, eine extrem verdünnte Form des Toxins, das zu Botulismus führt und per Spritze verabreicht wird. Lass dich nicht durch das Wort Botulismus einschüchtern – die verwendete Menge ist sehr gering und daher harmlos. Wenn es in kleinen Mengen gespritzt wird, lähmt das Botox die Muskeln, sodass sie sich nicht mehr zusammenziehen und keine Ausdrucksfalten mehr entstehen können, wie zum Beispiel Stirnfalten und Krähenfüße. Das Ergebnis, bei dem es eine Woche dauern kann, bis es sichtbar wird, hält bis zu sechs Monaten.

## DEINE HÄNDE VERJÜNGEN

***Wodurch werden Flecken auf den Händen verursacht?***
Leberflecken auf dem Handrücken entstehen durch jahrelange Sonneneinstrahlung.

***Do-it-yourself***
Die Drei-Punkte-Behandlung beinhaltet die **tägliche Benutzung von aufhellenden Produkten, Peelings und Sonnenschutzcremes mit hohem LSF.**

***Chirurgische Möglichkeiten***
Ein plastischer Chirurg wird das Gleiche denken, aber stärkere Mittel, wie zum Beispiel chemische Peelings und Laser, zur Beseitigung von Pigmentflecken einsetzen, um bessere Ergebnisse zu erzielen.

## LASS DEIN DEKOLLETÉ JÜNGER AUSSEHEN

***Wodurch werden Flecken und Falten verursacht?***
Flecken und Falten auf der Brust sind die Folgen der Sonneneinstrahlung.

***Do-it-yourself***
Halte Ausschau nach **Cremes, die Kinetin enthalten**, ein pflanzliches Wachstumshormon, das Fältchen glättet und braune Flecken aufhellt. Sie reizt die Haut nicht und eignet sich ideal für empfindliche und dünne Haut. Das Ergebnis müsste nach vier bis sechs Wochen sichtbar sein.

***Chirurgische Möglichkeiten***
Laserstrahlen hellen das Melanin, ein Hautpigment, das die Haut schrumpfen lässt und Flecken verursacht, beträchtlich auf. **Leichte chemische Peelings** mit Zutaten, wie zum Beispiel Glykolsäure und Salizylsäure können feine Fältchen glätten und braune Flecken aufhellen. Du wirst aber einige Behandlungen benötigen, je nachdem, wie groß der Schaden ist.

## Pflege deine LIPPEN

**Lippen sind ein wichtiger Faktor, die einen jünger aussehen lassen.** Versuche es mit den folgenden Tipps für einen volleren, sanfteren und jünger aussehenden Mund, der dir ein zauberhaftes Lächeln schenkt:

### STOPPE DAS VERLAUFEN

Da die Haut um deine Lippen herum Fältchen bildet, werden deine Lippen faltig aussehen, und der Lippenstift kann in den Falten auslaufen.

***Sofortbehebung***

Der **Lippenkonturenstift** schafft eine Grenze, die die Farbe genau dort zurückhält, wo du sie haben willst. Ein weiterer Trick ist, etwas Gesichtspuder leicht auf den Lippen zu verteilen, damit der Bereich trocken bleibt. Jede Feuchtigkeitscreme wird das Auslaufen begünstigen.

***Dauerhafte Lösungen***

Ein plastischer Chirurg kann dir eine **Auffüllspritze** geben, um die Falten über den Lippen wieder aufzufüllen. Das hält ungefähr sechs Monate an.

## DAS AUSDÜNNEN BESIEGEN

Kollagen- und Fettverlust über einen längeren Zeitraum bedeutet weniger Fülle.

***Sofortbehebung***

**Getönte Lippenpflegestifte oder lippenauffüllende Produkte** können einen Lipgloss-Schmollmundeffekt erzielen, ohne dabei zu jung auszusehen. Oder, um deine Lippen dicker aussehen zu lassen, trage hinter den Mundwinkeln eine Grundierung auf. Bedecke danach die Lippen und den Bereich der Grundierung mit einem Lippenstift.

***Dauerhafte Lösungen***

**Füllmittel bringen mehr Fülle,** aber meide Silikon: Es kann zu unsichtbaren dauerhaften Knötchen führen. Eine bessere Lösung ist, es mit einer Spritze oberhalb der Lippen zu versuchen, die dem Mund auf natürliche Weise eine Kontur gibt.

## LASS SPRÖDE LIPPEN WIEDER GESCHMEIDIG WERDEN

Die Haut verliert mit den Jahren an Geschmeidigkeit, was zu trockeneren, schuppigen Lippen führt.

***Sofortbehebung***

Ein **Lippen-Peeling** mit feinen Körnchen beseitigt schnell Schuppen. Trage danach etwas Vaseline oder Lippenpflegestift auf.

***Dauerhafte Lösungen***

Wenn deine Lippen dünner werden, bilden sich Falten an der Oberfläche und lassen sie trockener aussehen. **Retinol** kann über einen längeren Zeitraum helfen, die Falten zu glätten und abzuschwächen. Da die Haut an den Lippen dünn und leicht reizbar ist, verwende ein Lippenpflegeprodukt. Trage es kurz vor dem Schlafengehen auf.

# Haarprobleme

Wir kommen nicht dran vorbei: Je älter wir werden, desto mehr Pflege brauchen unsere Haare. Als Teenies konnten wir leicht mit einem Strubbel-Look rausgehen, aber wenn du schon über 30 bist, müssen **deine Haare dein Alter, dein Selbstvertrauen und deinen Status widerspiegeln.**

Dein Haar muss weich sein, glänzen und gut in Form sein. Hier einige Möglichkeiten, wie du deine Haarpracht pflegen kannst.

- **Gehe regelmäßig zum Friseur, damit deine Haare immer top in Form sind.** Versuche alle sechs bis acht Wochen zu gehen. Du solltest die Zwischenlängen meiden, die deine Haare zerzaust und formlos aussehen lassen. Wenn du in diesem Stadium Zeit im Friseursalon verbringst, wird dir das langfristig Zeit und Mühe ersparen, da sich die Haare am Morgen, wenn du dich in der Eile fertig machen musst, leichter stylen lassen.

- **Entscheide dich für einen „wash and go"-Style,** für den man keine ausgefallenen Föntechniken oder spezielle Hair-Styling-Utensilien benötigt, um gut auszusehen. Lange Stufenschnitte sehen toll aus, weil sie tagsüber offen getragen und abends hochgesteckt werden können oder mit einem Lockenwickler verschiedene Looks gezaubert werden können.

- **Entscheide dich für einen wandlungsfähigen Style,** der in der Arbeit einfach getragen Wund abends, wenn du ausgehst, mit Gel oder Wachs zu einem sexy Look gestylt werden kann.

- **Verwende eine tief wirkende Feuchtigkeitscreme**, unabhängig von deinem Haartyp. Einmal wöchentlich aufgetragen, schützt sie deine Haare und schenkt ihnen mehr Fülle und Glanz.

- **Bitte deinen Friseur, dir beizubringen, wie man die Haare richtig függt** – viele Salons bieten das an. Er kann dir einige Tricks aus der Branche zeigen, damit du einen professionellen Friseurlook selber kreieren kannst, ohne das Haus zu verlassen.

## DIE STYLE-KLINIK – entscheide dich für den richtigen Style, egal wie alt du bist

30

### Mit 30

Frauen in diesem Alter sind damit beschäftigt, sich an ihre Karriere oder das Mutter-Sein zu gewöhnen – oder beides. **In diesem Alter wollen wir uns bewähren und ernst genommen werden.** Entscheide dich für einen klassischen aber dennoch wandlungsfähigen Haarschnitt, der nicht zu viel geföhnt werden muss, um gut auszusehen.

40

### Mit 40

Dies scheint das Alter zu sein, in dem sich **die meisten Frauen für einen kurzen Haarschnitt entscheiden**, weil lange Haare das Gesicht länger wirken lassen. Dennoch, die Trends ändern sich immer wieder, und selbst mit 40 tragen Frauen noch lange Haare. Der Trick besteht darin, Extreme zu meiden: Du willst nicht zu lange Haare tragen wollen oder eine Farbe oder einen Schnitt wählen, der viel zu jungendlich ist. Wenn du dich doch für lange Haare entscheidest, lass dir viele Stufen schneiden, vor allem ums Gesicht herum.

50

### Mit 50

Wenn wir uns den 50er nähern, brauchen wir nichts mehr zu beweisen. Nachdem man sich schon ein Leben lang um andere gekümmert und sich Sorgen gemacht hat, was wohl die anderen denken würden, wenden wir uns ab und kümmern uns nur noch um uns selbst. **Es ist eine tolle Zeit, in der man seine lustigen und flirtigen Seiten wiederentdecken kann.** Sei mutig und trage einen superkurzen Haarschnitt.

# Wie man Problemzonen am Körper bekämpfen kann

Kannst du dich noch an die Zeit erinnern, als nichts an deinem Körper hing oder schwabbelte? **Was läuft schief, wenn wir das mittlere Alter erreichen?** Leider arbeitet die Natur gegen uns. Der größte physische Verfall im menschlichen Körper findet zwischen 30 und 40 statt.

Während dieser Zeitspanne wird Muskelmasse abgebaut, der Metabolismus verlangsamt sich, die Knochen verlieren an Dichte, Flexibilität und Kraft lassen nach, und das Körperfett mehrt sich. In Wirklichkeit legt eine Frau zwischen 20 und 65 Jahren ungefähr 9 kg Gewicht zu. **Dieser physische Abbau lässt sich auf die schleichende Verlangsamung des Metabolismus,** aber größtenteils auch auf den Mangel an Bewegung **zurückführen.**

## BINGO FLÜGEL

Wenn eine Frau das Alter von 40 Jahren erreicht und nicht zwei- bis dreimal die Woche trainiert, werden ihre **Muskeln in Richtung Süden hängen**. Um die schwabbeligen Unterarme in Form zu bringen, versuche es mit den folgenden Yoga-Positionen.

***Wie wird's gemacht***

Setze dich mit gestreckten Beinen auf den Boden und bringe sie zusammen. Halte deinen Rücken gerade und lege deine Handflächen auf den Boden. Die Fingerspitzen zeigen nach außen. Drücke nach unten, lehne dich zurück auf deine Hände und hebe deine Hüften und die ganze Vorderseite deines Köpers gegen die Decke hoch. Stelle dir vor, dass deine Oberschenkel mit unsichtbaren Strängen nach oben gezogen werden. Halte deine Arme und Beine gerade und richte deine Zehen weg vom Körper. Schau geradeaus und verbleibe zehn Sekunden in dieser Position, bevor du dich wieder auf den Boden fallen lässt. Wiederhole diese Übung täglich fünf Mal, damit du ein Ergebnis sehen kannst.

**P.S.** Sprich mit deinem Arzt darüber, bevor du diese Übung machst, wenn du schwanger bist oder wenn du Nacken- oder Rückenbeschwerden hast.

## HÄNGEBRÜSTE

Es ist eine traurige Tatsache, dass unsere Brüste nicht ewig fest bleiben und die Schwerkraft letztendlich immer gewinnt. Das Training kann helfen, sie so fest wie möglich zu bewahren. Obwohl die Brüste hauptsächlich aus Fettgewebe bestehen, werden die Brustmuskeln durch das Stemmen von Gewichten gestärkt, und die Brust wird schön angehoben.

### *Wie wird's gemacht*

Nimm leichte 2-kg-Gewichte, um die Muskeln zu stärken, ohne dabei Masse zu erzeugen.

Halte die Gewichte seitlich am Köper in der Hand und hebe sie beide auf Schulternhöhe hoch, wobei die Arme links und rechts am Köper bleiben. Führe diese Übung dreimal mit zehn bis 15 Zügen durch. Für ein schnelles Ergebnis wiederhole beide Übungen täglich.

## EIN SCHLAFFER PO

Leider ist es nun mal so. Obwohl unser Hirn in der Arbeit angeregt wird, **langweilen sich die Gesäßmuskeln bei bis zu acht Stunden am Tag ohne Bewegung.** Zu deinen Übungen sollten alle möglichen Arten Herztrainingsübungen gehören, aber besonders Übungen für den Glutealbereich so wie zum Beispiel Treppensteigen, stramme Spaziergänge, Seilspringen und Laufen. Kniebeugen mit Gewichten ist eine Methode, die schnell zu einem knackigen Po führt.

### *Wie wird's gemacht*

Du wirst ein paar gute Hanteln mit jeweils 5 kg Gewicht brauchen. Stehe gerade, die Füße leicht auseinander. Halte eine Hantel in jeder Hand, wobei du die Arme am Körper hältst und die Handflächen nach innen zeigen. Schaue geradeaus, atme tief ein und gehe in die Knie, so, als würdest du dich auf einen Stuhl setzen, bis deine Oberschenkel, so gut es nur geht, parallel zum Boden sind. Komme wieder in die Ausgangsposition zurück und atme dabei aus.

Um ein Ergebnis zu sehen, musst du dreimal wöchentlich die Übung zwei- bis dreimal mit je 15 Kniebeugen wiederholen. Drei Wochen später wirst du eine sichtbare Veränderung sehen.

## RETTUNGSRINGE UND/ODER EIN BAUCH

Der gefürchtete Altersspeck kann sich in Form eines Blähbauches oder süßer Rettungsringe bemerkbar machen, die dann nicht so süß über den Rand deiner Lieblingsjeans hervorquellen. Eine natürliche Nebenwirkung des Alterns, die nur durch Gewichtsverlust und Training beseitigt werden kann. Versuche täglich zehn Minuten auf dem Laufband zu laufen. Das wird deinen Metabolismus wieder in Schwung bringen, und du wirst mehr Fett und Kalorien verbrennen. Es sind aber letztendlich die Sit-ups, die die Bauchdecke und die Seiten straffen.

***Wie wird's gemacht***

Um die schwabbeligen Bäuche in Form zu bringen, ist es Zeit für ein Bauchmuskeltraining. Chrunces sind die beste Methode, den Six-Pack-Bereich zu straffen. Strebe also fünf Sätze mit jeweils 20 Zügen an.

Fahrradbewegungen helfen, die Rettungsringe zu straffen. Hier kommen bei Sit-ups dein linkes Bein und dein rechter Ellbogen zusammen (und umgekehrt). Das strafft die Muskeln an den Bauchseiten, die auch schräge Bauchmuskeln genannt werden. Strebe drei Sätze mit jeweils 20 Übungen an und wiederhole sie jeden zweiten Tag, um gute Ergebnisse zu erzielen.

## WABBELIGE OBERSCHENKEL

Vielleicht laufen wir mehr, wenn wir jünger sind, doch aus irgendeinem Grund werden unsere Beine im Alter von 30 Jahren stämmiger. Wenn du lange, schmale und sexy Beine haben willst, werden alle Herz-Kreislauf-Übungen, die viermal die Woche, 20 Minuten lang, langsam, aber kontinuierlich durchgeführt werden, positive Ergebnisse erzielen. Das können Aktivitäten wie stramme Spaziergänge, Tanzkurse oder Kickboxen sein.

Um die Waden in Form zu bringen, versuche es mit Plié-Übungen.

***Wie wird's gemacht***

Stehe mit über die Schulterbreite hinaus gespreizten Beinen, wobei die Zehenspitzen nach außen zeigen. Stelle dich auf die Zehenspitzen und halte deinen Rücken gerade, ziehe Bauch und Po ein, beuge die Knie, bis deine Oberschenkel parallel zum Boden sind. Mach diese Übung jeden zweiten Tag dreimal mit je 20 Kniebeugen, um ein hervorragendes Ergebnis zu erzielen.

# Besiege die Cellulite ein für alle Mal

Wir alle haben sie, und wir alle wollen sie loswerden. Ich spreche über die Cellulite – die unansehnliche Orangenhaut, die sich am Gesäß und an den Oberschenkeln der Frau bilden. Glücklicherweise können wir etwas dagegen tun.

Die Cellulite ist ein Gemisch von Fett, Flüssigkeit und Toxin, das sich im Bindegewebe der Haut eingelagert hat. **Das Hormon Östrogen ist dafür verantwortlich, dass Frauen um die Hüften und die Oberschenkel herum Fett ansetzen,** und wenn du dabei an Fettzellen denkst, die in vielen kleinen Schächtelchen aus Kollagen aufbewahrt werden, musst du wissen, dass die Fettschächtelchen der Frauen schwächer sind als die der Männer. Das heißt, dass das Fett oftmals aus ihnen hervorquillt. Bringe das mit einem schwachen Blutkreislauf durch schlechte Ernährung, Bewegungsmangel, Antibaby-Pille, dem Alterungsprozess und der Genetik in Verbindung, und simsalabim, hast du ein Katastrophenrezept.

## Die VIER PHASEN der Cellulite

### PHASE 1

***Wie sieht sie aus:***

In dieser Phase ist die Cellulite immer noch recht fest, und sie wird dir wahrscheinlich nur dann auffallen, wenn du einen Bereich zwischen den Fingern zusammendrückst.

***Was bedeutet das:***

Deine Fettzellen sind größer geworden – vielleicht hast zu zugenommen – und enthalten nun mehr Wasser und Toxine, was sie hervorquellen lässt.

***Warum du wahrscheinlich ein Opfer sein wirst:***

Du bist vielleicht unter 30, nimmst die Pille und bist Raucherin oder. . . Pech, es ist vererblich.

***Wie bekämpft man sie:***

BEWEG DICH!

Turnübungen sind wichtig, da sie den Blutkreislauf verbessern, Fett verbrennen und dich stärken. Das alles ist für glatte, straffe Pobacken wichtig. Mach das mit einigen Freundinnen und lass es zu einer geselligen Begegnung werden. So könnt ihr alle miteinander mitfühlen!

SCHMEISS DIE FERTIGNAHRUNG WEG

Weniger Fertigprodukte, aber mehr frisches Obst und Gemüse zu sich zu nehmen wird die Ladung Giftstoffe in deinem Körper reduzieren, und es werden sich weniger davon in deinen Fettzellen ansammeln.

**PHASE 2**

***Wie sieht sie aus:***

Die Cellulite ist sichtbarer, aber sie tritt nur in kleinen Bereichen auf. An diesen Stellen kann die Haut etwas fleckig sein.

***Was bedeutet das:***

Das Kollagen, das deine Fettzellen zusammenhält, wird allmählich schwächer und lässt deine Haut uneben und holprig erscheinen.

***Warum du wahrscheinlich ein Opfer sein wirst:***

Sie kommt vor allem bei Frauen zwischen 30 und 35 Jahren vor, aber sie kann auch bei jüngeren Frauen vorkommen, wenn du nie trainierst oder eine Diät gegen den hohen Fettgehalt befolgst. Auch die Schwangerschaft kann zu einer Verschlimmerung beitragen, da der Östrogenspiegel ansteigt.

***Wie bekämpft man sie:***

REDUZIERE DIE KOFFEINZUNAHME

Kaffee, Tee und Schokolade sind voll gepackt mit diesen stimulierenden Mitteln. In hohen Dosen wird es zu einer Verlangsamung des Lymphflusses führen, und Giftstoffe werden schwerer abgebaut. Eine einfache Tasse schadet nicht, aber wenn du ein Fünf-Espresso-pro-Tag-Mädchen bist, ist es vielleicht Zeit, wieder auf den Geschmack von Kräutertees zu kommen.

SPENDIERE IHR EIN ABRUBBELN

Wenn du nicht schwanger bist, massiere deine Haut jeden Tag mit Cellulite vernichtenden Öl-Essenzen; so wird dein Blutkreislauf angeregt und der klumpige Look deiner Haut verbessert.

## PHASE 3

***Wie sieht sie aus:***

Jetzt hast du nun größere Flächen, die von der Cellulite betroffen und ziemlich sichtbar sind. Die Haut ist insgesamt schlaff und fleckig.

***Was bedeutet das:***

Der Blutkreislauf ist auf die betroffenen Stellen eingeschränkt, sodass die Fettzellen durch das Wasser, Fett und die Toxine geschwollen sind. Außerdem geben die Kollagenfasern nach, und so kann die Haut die großen Fettzellen nicht länger zusammenhalten.

***Warum du wahrscheinlich ein Opfer sein wirst:***

In dieser Phase sind vor allem Frauen zwischen 35 und 40 davon betroffen, die Kinder haben, die Pille nehmen oder Übergewicht haben.

***Wie bekämpft man sie:***

ERHÖHE DEIN TRAININGS-LEVEL

Die besten Anti-Cellulite-Übungen sind stramme Spaziergänge, Laufen oder Fahrradfahren, während Kniebeugen und Ausfallschritte deine Muskeln stärken und den klumpigen Look deiner Haut verbessern werden. Trainiere mindestens 15 Minuten täglich. Und, jawohl, Geschlechtsverkehr – wenn du dich genügend anstrengst.

KURBLE DEINE VERDAUUNG AN

Wenn du oftmals verstopft bist, kann das die Cellulite verschlimmern. Wenn die Giftstoffe nicht durch den Dickdarm gehen, können sie die Effizienz der Organe, wie zum Beispiel der Leber, verringern. Nimm mehr Cellulose mit jeder Menge Vollkorn, täglich mindestens fünf Portionen Obst und Gemüse zu dir und trink jede Menge Wasser.

## PHASE 4

***Wie sieht sie aus:***

Das fortgeschrittenste Stadium. Nun sind die Klumpen und Beulen so sichtbar, dass sie selbst durch Kleidung nicht verdeckt werden können.

***Was bedeutet das:***

Das Kollagen ist vollständig abgebaut, was bedeutet, dass die Fasern die angeschwollenen Fettzellen nicht länger zurückhalten können, was größere Dellen verursacht. Da nur wenig Blut durch diese Stellen fließt, sind sie fleckig und fühlen sich feuchtkalt an.

***Warum du wahrscheinlich ein Opfer sein wirst:***

In dieser Phase sind hauptsächlich Frauen über 40 davon betroffen, die Kinder haben, außerdem können eine schlechte Ernährung, Fettleibigkeit und Bewegungsmangel auch in jüngeren Jahren dazu führen.

***Wie bekämpft man sie:***

TÖNE SIE

Es ist amtlich: Cellulite sieht viel besser aus, wenn sie braun ist. Bevor du also auf den Strand zusteuerst, investiere in eine gute Solariumsbräune oder gönne dir eine professionelle Bräunungs-Kur.

VERSUCHE ES TECHNISCH

Die Endermologie ist die einzige Cellulite-Therapie, die von der US-amerikanischen Bundesbehörde zur Überwachung von Nahrungs- und Arzneimitteln anerkannt wird. Ein Therapeut verwendet eine Handpumpe, mit der er deine Haut ansaugt und rollt und so die Toxine glättet und den Abbau von übermäßigem Fett anregt.

# Entscheide dich für Fitness

Der Zeitpunkt, an dem viele Frauen mit der Fitness aufhören, ist tatsächlich dann, wenn es entscheidend ist, dran zu bleiben. Denke darüber nach: Fährst du dort, wo du gewöhnlich spazieren gegangen bist? Sitzt du stundenlang am Schreibtisch, wo du früher ständig in Bewegung warst? Isst du mehr und gehst du weniger Tanzen und nimmst du immer ein Taxi für den Heimweg? **Es ist so einfach, sich den Bewegungsmangel zur Gewohnheit zu machen,** vor allem dann, wenn wir so beschäftig sind, die verschiedenen Bereiche unseres Lebens unter einen Hut zu bringen. Dann gucken wir eines Tages in den Spiegel und fragen uns, wann das alles schief gelaufen ist. Aber selbst wenn du diese Phase erreicht hast, ist es nicht zu spät, wieder fit zu werden und deine Gesundheit wieder in Schwung zu bringen.

Regelmäßige Aerobic-Übungen können zum Gewichtsverlust beitragen und viele Gesundheitsrisiken reduzieren, genauso wie eine Pause von dem hektischen Programm.

Obwohl Herz-Kreislauf-Übungen äußerst wichtig zum Erhalt der Gesundheit und für das Wohlbefinden sind, werden Kraft- oder Ausdauerübungen deine Figur im mittleren Alter am meisten beeinflussen. Der Energieumsatz – der Umsatz, bei dem wir Kalorien im Ruhezustand verbrennen – sinkt im Alter von 25 bis 30 Jahren. Wenn wir Muskelmasse durch Übungen aufbauen, kann dieser Prozess umgekehrt werden. **Das kann man am besten dann erreichen, wenn man zwei- bis dreimal die Woche trainiert.**

Wenn du dich fragst, wie du um alles in der Welt noch einen Termin in deinem voll ausgeplanten Leben unterbringen kannst, sei ermutigt. Immer mehr Studien zeigen, dass **die normalen Aktivitäten im Leben genauso gesundheitsfördernd sind und uns fit halten** wie übliche Turnübungen. Eine Grundsatzstudie der Maastricht-Universität hat tatsächlich herausgefunden, dass Menschen, die tagsüber zu lange sitzen, aber ins Fitness-Studio gingen, weniger Kalorien verbrauchten als diejenigen, die in ihrem alltäglichen Leben aktiver, waren aber überhaupt nicht trainiert haben.

## FITNESS ab 30

### 30

Ohne Training werden der Energieumsatz und die Stärke deiner Muskeln nachlassen. Wenn du also noch nie im Fitnessstudio warst, ist es jetzt Zeit, damit anzufangen! Idealerweise müsstest du Aerobic- und Kraftübungen kombinieren, um Knochenmasse als Schutz gegen Osteoporose aufzubauen. Du wirst vielleicht feststellen, dass deine Flexibilität nachlässt. Deshalb mache auch einige Stretchingübungen, damit dein Körper gelenkig bleibt.

**Gute Workout-Übungen:** Yoga, Pilates, Krafttraining, Tanzen und Laufen.

### 40

Dies ist die Zeit, in der du feststellen wirst, dass dein Körper älter wird, vor allem, wenn du zwischen 20 und 30 passiv warst. Es ist aber nie zu spät, fit zu werden. Während deiner 40er solltest du den **Schwerpunkt von schwungvollen Workouts zu weniger anstrengenden Übungen verlagern,** damit die Anspannung für deinen Körper geringer wird. Versuche auch einige sanfte Kraftübungen einzubauen, da du Muskelmasse zum Verbrennen von Kalorien und als Schutz vor Verletzungen brauchst. Das Training wird dir auch helfen, den Altersspeck loszuwerden, der dann angesetzt wird, wenn sich der Energieumsatz verlangsamt.

**Gute Workout-Übungen:** Yoga, Pilates, Tennis, leichtes Krafttraining und Herz-Kreislauf-Training.

### 50

Wenn du dein ganzes Leben über sehr aktiv warst, wird dein Körper dir das danken, da du viel besser in Form bist als jemand, der den ganzen Tag gesessen ist. Doch bedenke, dass der Verlust an Knochenmasse dich anfälliger für Brüche machen wird. Du musst also beim Workout vorsichtig sein. **Versuche es mit Übungen unter Einsatz des eigenen Körpergewichtes**, wie stramme Spaziergänge. Es ist sehr wichtig, in diesem Alter aktiv zu bleiben. Tausche also dein kleines Reihenhäuschen nicht gegen einen Bungalow ein. Du wirst nur faul und wirst vergessen, wie Stufen aussehen!

**Gute Workout-Übungen:** Stramme Spaziergänge, Yoga und Schwimmen.

## WARNUNG

Wenn du über einen längeren Zeitraum nicht trainiert hast, fange langsam an. Sportmediziner sprechen von „Boomeritis", wenn sie die große Bandbreite an Verletzungen beschreiben, die bei Menschen im mittleren Alter vorkommen, die etwas zu enthusiastisch an ihre Übungen herangehen.

# Der Gesundheits-TÜV

Wenn du mit den alltäglichen Dingen des Lebens zu sehr beschäftigt bist, können Gesundheitsvorsorgen sehr schnell zur Nebensache werden. Es ist leicht zu denken: „Ich fühle mich nicht krank, warum soll ich dann zum Arzt gehen?" Das Problem dabei ist, dass viele Krankheiten nur dann behandelt werden können, wenn sie früh erkannt werden. **Warte also nicht auf die Symptome** und mache die Gesundheitstests, die du brauchst. Alle diese Tests sind äußerst wichtig, angefangen von der Mammografie bis hin zum Cholesterintest.

## LEBENSWICHTIGE GESUNDHEITS-CHECKS, denen sich alle Frauen unterziehen müssen

## Ab 20 Jahren

### CHOLESTERIN-VORSORGETEST

Selbst mit 20 musst du deinen Cholesterinspiegel im Auge behalten. Wenn er normal ist, sollte der Test alle fünf Jahre wiederholt werden. Ein hoher Cholesterinspiegel geht Hand in Hand mit Herz-Kreislauf-Erkrankungen. Deshalb ist es wichtig herauszufinden, wie hoch dein Cholesterinspiegel ist. Wenn die Werte hoch sind, wird eine einfache Ernährungsumstellung den Cholesterinspiegel wieder sinken lassen.

### ÜBERPRÜFE DEINE BRÜSTE

Es ist wichtig, deine Brüste regelmäßig auf Knoten oder Veränderungen zu prüfen. Brustkrebs lässt sich weitaus einfacher behandeln, und es besteht eine höhere Überlebenschance, wenn er früh erkannt wird. Es ist wichtig, mit der Art, wie sich deine Brüste anfühlen und wie sie aussehen, vertraut zu werden und zu wissen, was für sie normal ist. Berichte deinem Arzt unverzüglich alle Veränderungen.

### DER PAP-ABSTRICH UND UNTERLEIBSKONTROLLEN

Bei einem PAP-Abstrich entnehmen die Ärzte Zellen aus dem Gebärmutterhals und suchen nach Krebswarnsignalen, die keine Symptome verursachen. Eine Frau sollte diesen Test ungefähr drei Jahre nach dem ersten Geschlechtsverkehr machen und nicht später als mit 21. Danach sollte sie sich alle zwei bis drei Jahre testen lassen.

### STI-TESTS

Wenn du sexuell aktiv bist, solltest du dich auf sexuell übertragbare Infektionen testen lassen. Die häufigste Infektion ist die Chlamydia-Infektion, die zu Unfruchtbarkeit führen kann, wenn sie nicht behandelt wird. Weitere schlimme Infektionen sind Gonorrhöe, Syphilis, HIV und HPV (das Humane Papilloma Virus) sowie Herpes.

### HAUTKREBSTEST

Es ist gut, deine Haut alle drei Monate auf Auffälligkeiten zu untersuchen und von deinem Arzt einmal im Jahr deine Sommersprossen, Muttermale, Verletzungen oder Knötchen durchchecken zu lassen. Dies ist vor allem dann wichtig, wenn du viel Zeit in der Sonne verbracht hast oder wenn es bereits einige Fälle von Hautkrebs in der Familie gab.

## Ab 30

Mit 30 solltest du im Allgemeinem alle Tests und Kontrollen, die du mit 20 schon gemacht hast, haben plus alle möglichen Tests, die dein Arzt dir verordnet, sowie **eine Mammografie, wenn es schon Brustkrebsfälle in deiner Familie gab.**

### KNOCHENDICHTE-TEST

Mit 35 solltest du anfangen, auf deine Knochen zu achten, **das heißt, viel Kalzium zu dir nehmen und Kraftübungen machen,** wie zum Beispiel Power-Walking. Viele Frauen benötigen 15 Jahre lang keinen weiteren Knochendichte-Test. Diejenigen aber, die deutlich untergewichtig sind, die eine Essstörung hatten oder Osteoporosefälle in der Familie hatten, brauchen den Test früher.

## Ab 40

Ab 40 solltest du die gleichen Tests wie mit 20 und 30 machen, aber zusätzlich auch die unten genannten Tests. Obwohl 50 Jahre das Durchschnittsalter für die Menopause ist, sind viele Frauen schon mit 40 über die Anzeichen dieser bevorstehenden hormonellen Veränderung besorgt.

### DARMKREBS-TEST

Dickdarm- und Mastdarmkrebs kommt häufiger ab 50 vor. Bei Stuhlgang-Tests kann okkultes Blut im Stuhl entdecket werden, und anhand einer Mastdarmuntersuchung oder einer Darmspiegelung können Polypen oder andere Unregelmäßigkeiten, die ein erhöhtes Risiko bergen, entdeckt werden.

### MAMMOGRAFIEN UND BRUSTKREBS-TESTS

Ab 50 solltest du jährlich eine Mammografie machen. Wenn es schon einen Brustkrebsfall in der Familie gab, wird dein Arzt dir raten, schon ab 35 Jahren regelmäßig Mammografien zu machen. Mit diesem Test können Krebstumore zwei Jahre, bevor ein Krebstumor groß genug ist, um ihn zu fühlen, erkannt werden.

### DIABETES-TEST

Bei Typ-2-Diabetes steigt der Blutzuckerspiegel, weil der Körper nicht genügend Insulin produziert oder weil es nicht richtig umgesetzt wird. Viele Frauen haben erst im mittleren Alter Diabetes. Doch die Anzahl der Diabeteserkrankungen unter jungen Frauen steigt aufgrund von Fettleibigkeit stetig an. Um zu sehen, ob du ein Risikofall bist, mache alle drei Jahre einen Blutzuckerspiegel-Test. Das ist besonderes wichtig, wenn du hohen Blutdruck oder erhöhte Cholesterinwerte hast.

### HERZ-TESTS

Fettleibigkeit, hoher Blutdruck, fette Speisen und Diabetes begünstigen Herzerkrankungen. Frauen erkennen oftmals die Symptome der Herzattacken nicht, da sie viel eher als Männer Verdauungs-, Atmungsbeschwerden und Muskelschmerzen haben, als dass sie unter den klassischen, weit verbreiteten Schmerzen in der Brust leiden. Deshalb ist es wichtig, deine Cholesterinwerte und deinen Blutdruck regelmäßig prüfen zu lassen.

# Wie man würdevoll nicht altert

Du bist nur so alt, wie du dich fühlst, behaupten Experten. Wenn du aber 40 bist und dich wie eine 60-Jährige fühlst, musst du etwas dagegen unternehmen. **Das Alter ist sowohl ein psychologischer als auch ein physiologischer Zustand.** Wenn du dich also gleichzeitig um deinen Verstand und deinen Körper kümmerst, kann der Alterungsprozess zurückgehalten werden. Egal wie alt du bist, es gibt immer Gelegenheiten, Erfahrungen und Ambitionen, die man ergreifen und über die man sich freuen sollte. Freue dich also auf deinen nächsten Geburtstag, statt ihn zu fürchten, umarme das Leben und befolge diese Schritte, die zu einem älteren, weiseren, neueren Ich-Gefühl führen.

## WERDE FIT

Fitness bewahrt dich vor einer Menge Krankheiten und hält dich geistig und körperlich in guter Verfassung. Deine Gelenke bleiben gelenkig, dein Herz pumpt kräftig, und das Adrenalin bleibt ständig in Bewegung. Nimm also den Tennisschläger oder das Fahrrad, schlüpf in die Turnschuhe rein, und los geht's. **Melde dich bei deinem örtlichen Fitnesszentrum an** und mache einen Deal mit deinen Freunden, dass du nach jedem Workout eine Schönheitspflege in einer Therme oder eine Entspannungskur im Dampfbad machst.

## DENKE DICH JUNG

Sich neue Kenntnisse anzueignen oder die bestehenden Talente zu fördern wird deinen Körper und dein Gehirn anregen. Melde dich zu einem Abendkurs an, beginne eine Lesegruppe oder entdecke eine neue Sportart. **Das Tolle daran, wenn man etwas Neues tut und neue Menschen kennen lernt, ist, dass es dich jünger macht** und etwas mehr kostbare „Ich-Zeit" schafft.

## KLEIDE DICH GUT

Es geht nicht darum, sich vom Scheitel bis zur Sohle nach dem letzten Modeschrei zu kleiden, das lässt dich wie ein Modeopfer oder wie „gewollt und nicht gekonnt" aussehen. In diesem Alter kennst du deine Merkmale. **Baue also deinen einzigartigen Stil aus und sei zuversichtlich, dass du gut aussiehst** – das lässt dich um Jahre jünger aussehen.

## ES IST NIE ZU SPÄT

Wenn du Bankerin bist, aber unbedingt Sängerin werden wolltest oder schon immer eine Südamerika-Reise machen oder vielleicht deine eigene Firma gründen wolltest – **denke nicht nur darüber nach, tue es!**

Bleibe nicht im alten Trott stecken, indem du denkst: „Morgen werde ich etwas anderes machen" – bringe frischen Wind in dein Leben und tue es jetzt.

## HALTE DIE ZUKUNFT IM AUGE

Waren deine 20er-Jahre die besten Jahre deines Lebens, oder wünscht du dir deine Kindheit zurück, als das Leben noch einfach war? Nostalgie ist schön, doch wenn deine besten Erinnerungen Jahre zurück liegen, ist es jetzt Zeit, neue Erinnerungen zu schaffen.

## SEI WEISE

Freue dich daran, dass mit zunehmendem Alter auch deine Weisheit, Erfahrung und dein Selbstvertrauen reifen. Verabschiede dich also von der Angst im Teeniealter und vom schwachen Selbstbewusstsein mit 20. **Genieße das Gefühl der Ruhe, Kultiviertheit und der Kontrolle.** Feiere dein Alter, statt es zu leugnen.

## SEI NICHT BESORGT, FREUE DICH

Mit den Jahren fängst du an zu begreifen, dass das Leben zu kurz ist und es sich nicht lohnt, sich über einige Dinge Sorgen zu machen. Vergeude deine teure Zeit nicht mit Sorgen über Dinge, die du nicht kontrollieren kannst. Erspare dir das und tue lieber etwas Spannendes und Aufregendes. Du wirst dich dadurch jünger fühlen und glücklicher sein!

# KAPITEL 6

# Das glückliche Zuhause

# So perfekt wie möglich

Wir alle wollen ein gemütliches Zuhause, einen Ort, an dem wir uns entspannen und uns vor der hektischen Welt draußen flüchten können. Darüber hinaus wollen wir ein Haus, auf das wir stolz sein können, und wenn wir ehrlich sind, wollen wir ein Haus, mit dem wir Freunde und Familie beeindrucken können. Kurz gesagt: **Alle verzweifelten Hausfrauen haben nur ein Ziel – ein perfektes Zuhause.**

Obwohl wir alle wissen, dass die Perfektion unerreichbar ist, **setzen wir alles daran,** so nah wie möglich an unser Ideal heranzukommen – trotz mangelnder Zeit und Energie nach der Arbeit und unserer familiären Verpflichtungen.

Es ist keine einfache Aufgabe, aber wie in allen anderen Dingen liegt der Schlüssel in der Organisation. Ein Gespür für die Realität zu haben ist ebenfalls wichtig. Du musst selbst entscheiden können, wann du die Aufgabe selber bewältigen kannst und wann es sinnvoller ist, zu delegieren und eine Haushaltshilfe zu besorgen. Dennoch, ausgerüstet mit der richtigen Beratung und einer großen Dosis Geduld, ist es leicht, ein glückliches, schönes Zuhause zu haben.

## Wie man zur DEKO-DIVA wird

Der erste Schritt zu einem fabelhaften Zuhause ist ein schlichter, aber stylischer Stil. Doch **weil aller Anfang schwer ist**, hier einige Tricks, die dir auf deinem Weg helfen.

### WÄHLE EINEN SCHLÜSSEL-ARTIKEL

Wenn du mit der Deko in deinem Zimmer von Null beginnst, **blättere nicht stundenlang Farbpaletten durch.** Das kann sehr aufwändig sein und bringt nicht viel. Stattdessen entscheide dich für einen inspirierenden Stoff oder einen tollen Teppich und wähle eine Farbe aus dessen Palette aus.

### KNIPSE FRÖHLICH DRAUF LOS

Nimm immer eine Digitalkamera mit, wenn du auf der Suche nach Dingen für dein Haus bist. **Du wirst nie alles, was du willst, in einem Laden finden.** So kannst du anhand der Fotos die Artikel, die du an verschiedenen Orten gesehen hast, miteinander vergleichen. Danach kannst du all deine Fotos auf deinen PC herunterladen, deine Auswahl sortieren und dir alle Artikel zusammen in deinem Haus vorstellen.

### BLEIB DEINEM EIGENEN STIL TREU

Gestalte deinen Lebensraum, wie es dir gefällt. Möbel zu wählen, die gerade „in" sind, oder allgemein beliebte Stilrichtungen auszusuchen scheint eine gute Idee zu sein, doch sechs Monate später werden sie langweilig sein, weil alle sie haben oder weil sie altmodisch sind. **Wähle das aus, das dich und niemanden sonst anspricht.**

### MISCHE UND KOMBINIERE

Fürchte dich nicht, **verschiedene Möbelstile und -oberflächen miteinander zu kombinieren.** Viele Menschen sind wie besessen, passende Möbel einzukaufen, doch das ist nicht immer die kreativste und interessanteste Art, dein Zimmer zu gestalten. Versuche, verschiedene Stoffe und Materialien miteinander zu mischen. Holz, Metall und das moderne Kunststoff können wirklich gut miteinander harmonieren und erzeugen einen echten Hingucker.

## Klevere Tricks für die RAUMGESTALTUNG

- Für einen ausgewogenen Look **hänge Bilder und Spiegel in Augenhöhe** auf.
- **Verwende gleiche Bilderrahmen,** wenn du Gruppen von Bildern aufhängst, damit es harmonisch aussieht.
- **Wenn du mehrere Bilder an die Wand hängst,** teste die Platzwahl mit einem Papier in der Größe deines Bildes. So machst du weniger Fehler und Löcher in die Wand.
- **Um einen Raum heller wirken zu lassen,** hänge einen Spiegel an die gegenüberliegende Seite des Fensters an die Wand, damit er das Licht reflektiert.
- **Die Lampen sollen alle in gleicher Höhe hängen.** Dies bietet deinen Augen einen Horizont und lässt das Zimmer in einem gleichmäßigen, ruhigen Licht erstrahlen.
- **Dekoriere Kinderzimmer mit ihren eigenen Werken.** Kaufe Fertigrahmen und passe ihre Bilder in die Rahmen ein. Die Kinder werden sich freuen, wenn sie ihre Werke ausgestellt sehen, und du hast einige großartige Originale in deinem Haus.
- **Stelle Accessoires immer in Dreiergruppen auf.** Drei Kerzen sehen besser aus als zwei. Ungerade Zahlen wirken bei Accessoires immer besser.
- **Fülle deine Räume mit Pflanzen.** Sie bringen Leben in einen Raum und lassen ihn lebendig wirken.
- **Stelle an allen möglichen Orten frische Blumen hin,** damit die Zimmer einladender aussehen. Selbst eine einzige Blume ist schon sehr wirkungsvoll.

# Die richtige Hilfe holen

Ob es nun Installationsarbeiten, Malerarbeiten oder ganz einfach der alltägliche Haushaltputz ist, es wird immer Zeiten geben, in denen du **Hilfe holen** musst.

Aus welchem Grund auch immer ist es heute fast unmöglich, gute, ehrliche, verlässliche Handwerker zu finden, die nicht die Welt kosten. Wenn du also jemanden Neuen rufen willst, ist es immer eine große Hilfe, wenn ein Freund dir **jemanden empfehlen** kann, mit dem er gute Erfahrungen gemacht hat. Ansonsten könntest du die lokalen Zeitungen durchblättern oder die regionalen Läden nach Anzeigen durchforsten oder im Internet suchen.

Was auch immer du tust, entscheide dich nie für den Erstbesten, mit dem du sprichst. Rufe bei einigen Handwerkern an, bevor du entscheidest, wen du nimmst. **Bitte immer um ein schriftliches Angebot** und überprüfe die Referenzen.

Bei einigen spezialisierten Dienstleistungsunternehmen, wie zum Beispiel bei Elektrikern oder Installateuren, wirst du überprüfen müssen, ob sie bei der Handwerkskammer registriert sind. Es ist auch gut herauszufinden, ob sie für den Fall, dass etwas schief läuft, ausreichend versichert sind.

Die meisten Handwerker werden eine Anzahlung für das Material, das sie besorgen müssen, verlangen. Meide es jedoch, den Gesamtbetrag zu zahlen, bis die Arbeit vollständig erledigt ist und du zufrieden mit der Arbeit bist, sonst wirst du das Geld nicht wiedersehen.

Vergleiche die Angebote und entscheide dich nicht immer für die billigste Option, vor allem dann, wenn es wesentlich günstiger ist als alle anderen. Es gibt immer einen Grund für den lächerlich günstigen Preis, und du wirst auf den Schlampereien sitzen bleiben oder dich mit dem unzuverlässigen Handwerker plagen müssen. Das Angebot, das preislich irgendwo in der Mitte liegt, ist oftmals das sicherste.

Wenn du mit der Arbeit unzufrieden bist, erkläre ganz ruhig wo das Problem liegt, und frage den Lieferanten, was er tun kann, um das Problem zu beheben. Wenn es auf die sanfte Art nicht klappt und du ihn nicht mehr beschäftigen kannst, **sei hart, aber höflich, und zeige ihm den Ausgang.** Weigere dich, für die Arbeit, mit der du unzufrieden bist, zu bezahlen, und, wenn nötig, leite gerichtliche Schritte ein.

Wenn du die richtigen Leute für den Job ausgesucht hast, versuche einen Termin festzulegen, wann sie anfangen können. Das kann oft ziemlich schwierig sein, da die meisten Handwerker viel zu tun haben und die Arbeit dann einschieben, wenn sie Zeit haben. Es hilft, wenn du einen Termin, der euch beiden passt, bestätigen kannst. So weißt du, dass du nicht monatelang auf einen Anruf warten musst.

## Rufe die SPEZIALISTEN

### BAUARBEITER

Gute Bauarbeiter sind schwer zu bekommen. Wenn du also einen guten findest, halte ihn fest. Es ist immer gut, Bauarbeiter auf Empfehlung von Freunden oder der Familie zu holen. Wenn du in der Klemme bist, frage deine Nachbarn oder andere Menschen, die in deiner Straße wohnen und vor kurzem Bauarbeiten durchgeführt haben.

### ELEKTRIKER

Selbst für den enthusiastischsten Do-it-Yourself-Begeisterten **gibt es einige Dinge, die nur von Handwerkern gemacht werden sollten.** In einigen Ländern ist es sogar illegal, elektrische Leitung selber zu verlegen.

### INNENARCHITEKTEN

Architekten und Raumgestalter können dir wirklich helfen, das Beste aus deiner Wohnung zu machen. Du meinst vielleicht, dass sie ein teurer Luxus sind, doch eine **einzige Rechnung verwandelt deinen Raum** aus etwas Gewöhnlichem in etwas Außergewöhnliches.

### MALER

Menschen fühlen sich oft schuldig, wenn sie einen Maler oder Raumgestalter nehmen, weil sie denken, dass es eine Aufgabe ist, die sie selbst erledigen können. **Wenn du aber unter Zeitdruck stehst** und deine Abende und Wochenenden nicht opfern willst, um das zu tun, lohnt es sich, dafür Geld auszugeben. Ein Maler kommt und tut seinen Job sehr schnell, und für gewöhnlich ist sein Ergebnis besser.

## GÄRTNER

Schöne, gepflegte Gärten können für viele gemütliche Stunden mit deiner Familie sorgen. Sie können aber auch **sehr zeitaufwändig** sein und viel freie Zeit in Anspruch nehmen. Ein guter Gärtner kann all die schwierigen und langweiligen Arbeiten, wie Rasenmähen und Umgraben, übernehmen, und du musst dir nur noch Gedanken machen, welche schönen Pflanzen du haben möchtest.

## CATERERS

Ob du eine intime Dinner-Party oder etwas Größeres planst, es lohnt sich, einen Cateringservice zu bestellen, der sich um alles für dich kümmert, **wenn du Eindruck machen willst**. Die meisten Unternehmen werden alles tun, angefangen von der Zubereitung der Lebensmittel bis hin zum Kochen und zum Abwasch von Tellern und Gläsern. Du kannst dich also zurücklehnen und eine charmante Gastgeberin geben – himmlisch!

## REINIGUNGSKRÄFTE

Wenn du einen hektischen Lebensstil hast, **ist eine gute Reinigungskraft ein Geschenk Gottes.** Sie ist wie eine kleine Fee, die hereinkommt und dein Haus auf Hochglanz bringt, während du in der Arbeit bist. Die meisten Reinigungsagenturen bieten eine Vielzahl an Dienstleistungen an, angefangen von einigen Stunden die Woche bis hin zum Großputz einmal im Jahr, damit dein Zuhause vom Scheitel bis zur Sohle entrümpelt wird.

# Von der verzweifelten Hausfrau zur Hausgöttin

Du hast die Wände gestrichen, hast geputzt und gewienert, und es gefällt dir, wie dein Haus aussieht – aber nur die ersten fünf Minuten nach dem Großputz. Ansonsten hast du den Eindruck, dass in deinem Haus Unordnung und Durcheinander vorherrschen und du ständig hinter deiner Familie am Aufräumen bist. Sei mutig: Du kannst dein Zimmer mit den ganzen Papierstapeln und Spielsachen wieder für dich zurückzufordern. **So kannst du dein Zimmer aufräumen und in Ordnung halten – ein für alle Mal.**

## Wie man einen TRÄNENLOSEN ÜBERGANG zu einem ruhigen Zuhause schafft

### MACHE JEDEN TAG EIN BISSCHEN WAS

Es ist besser, Schritt für Schritt aufzuräumen, anstatt sich von der riesigen Aufgabe, im ganzen Haus aufzuräumen, überwältigen zu lassen – so bleibst du geistig fit. Es ist auch eine große Ermutigung zu sehen, wie es langsam, aber sicher besser wird.

### SEI GNADENLOS

Wenn du dich dabei nicht wohl fühlst, etwas wegzuwerfen, stelle dir folgende brutale Fragen: **„Mag ich diesen Gegenstand?", „Nutze ich ihn?"** und **„Ist das der richtige Ort für ihn?"** Wenn du die Fragen mit nein beantwortest, kennst du die Antwort – werde ihn los. Wenn du Dinge, die du nicht mehr brauchst, loslässt, schaffst du Raum für bessere Dinge, die dein Leben erfüllen werden – materiell und emotional.

### TRAGE AUFRÄUMZEITEN IN DEINEN TERMINKALENDER EIN

Plane die Zeit so ein, dass du deine Unordnung aufräumen kannst. Trage sie wirklich in deiner **„To-do-Liste"** oder in einen Kalender als unverschiebbaren Termin ein.

### STELLE DIR DEIN ZUHAUSE AUFGERÄUMT VOR

Stelle dir vor, wie du täglich leben willst, und irgendwann mal wirst du das erreichen.

## ENTRÜMPLE, BEVOR DU EINKAUFST

Bevor du neue Klamotten, Möbel oder Dekos einkaufen gehst, miste erst aus und wirf alles weg, was du nicht mehr haben willst. **Das schafft Platz** und hilft dir, dich nur auf die Dinge zu konzentrieren, die du wirklich brauchst.

## RÄUME IM GEHEN AUF

Nachdem du gekocht, gebügelt oder etwas anderes getan hast, räume es sofort auf. Es klingt einfach, aber macht einen großen Unterschied. **Erziehe deinen Partner und deine Kinder,** das Gleiche zu tun!

## LEGE EINEN ORDNER FÜRS HAUS AN

Lege einen Ordner für alle Papiere und Rechungen rund ums Haus an, die überall im Haus herumliegen. Danach teile in Bereiche auf, wie zum Beispiel „Kreditkarten", „Strom" oder „Telefonrechnungen", damit du ein leicht zugängliches Nachschlagebuch für alle deine Papiere hast.

## MAHLZEITENPLAN

Es klingt vielleicht langweilig, aber es ist zeitsparend: **Plane deine Abendessen am Wochenende im Voraus und kaufe dementsprechend ein.** Doch wenn du es wirklich liebst zu kochen, gönne dir diese Freude, wenn du etwas mehr Zeit hast und so entspannt bist, dass du es genießen kannst. Wenn du keinen Spaß am Kochen hast, koche oft genug, damit du deinen Partner und deine Kinder trainieren kannst. Einer von ihnen wird vielleicht eine Leidenschaft dafür entwickeln, und du wirst nie wieder kochen müssen! Mit ungewöhnlichen Gerichten herumzuexperimentieren hält die Langeweile fern und sorgt für Herausforderungen.

# Halte das Chaos in Grenzen

Die Unordnung **wächst exponential** mit der Anzahl der Personen, die in einem Raum leben, aber es gibt einige Wege, wie man jedermanns Sachen organisiert kriegt und das natürliche Chaos in den Griff bekommt.

**REPARIERE ES SOFORT**

Wenn etwas kaputtgeht, musst du es schnell reparieren. **Alles, was im Haus nicht richtig funktioniert, wird dich herunterziehen, selbst wenn es nur etwas Kleines wie ein lockerer Türgriff oder ein tropfender Wasserhahn ist.** Warte nicht mit dem Austauschen einer Glühbirne oder Sicherung. **Halte dir einen kleinen Werkzeugkasten für kleinere Reparaturen griffbereit.**

**STAPLE UND VERSTAUE**

Man hat nie genug Stauraum. **Nutze alle Stellen unter dem Bett und auf den Treppen als extra Stauraum** und kaufe stapelbare Kartons für die Aufbewahrung der Winter- oder Sommerkleidung, der Spielsachen und Bastelarbeiten der Kinder oder alles andere, das du behalten, aber nicht ausstellen willst. Ein Esstisch mit Schubladen oder ein Kaffeetisch mit doppeltem Stauraum ist eine gute Investition, da man die Sachen blitzschnell aufräumen kann.

## KINDERZIMMER

Richte die Zimmer der Kinder so ein, dass sie an ihre Sachen rankommen können. Komme auf ihre Höhe herab und schau, ob die Kisten zu hoch gestapelt oder die Bücher unerreichbar für sie sind. **Organisiere alles vom Boden des Zimmers bis an die Decke.** Versuche, das Aufräumen leichter als das Herausnehmen zu gestalten. Etikettiere die Kisten mit einem Wort und einem Bild, damit die Kinder sie erkennen können.

## ALLES IN REICHWEITE

**Jeder Gegenstand sollte einen bestimmten Ort haben, den alle Familienmitglieder kennen.** Das ist der Trick: Kommuniziere, damit niemand sagen kann, dass der andere seine „Sachen versteckt" hat! Die Schlüssel sollten neben der Türe an einem Hängebrett für Schlüssel hängen, Mäntel an Kleiderhaken usw. Es scheint klar zu sein, doch wenn du siehst, dass die Kleider nicht auf ihrem Platz sind, hat einer es nicht verstanden.

## RICHTE EINE SCHUBLADE FÜR DEN KREMPEL EIN

Richte einen Platz ein, an dem jeder **die Gegenstände verstauen kann, die keinen Platz haben,** oder von dem keiner weiß, wo sie hingehören. Räume die Dinge aus der Schublade jede Woche auf ihren Platz oder richte ihnen einen Platz, ein, wenn sie noch keinen haben.

# Leben im Luxus

Wenn du dein Haus neu einrichtest oder dir etwas Neues anschaffst, sei es eine Kerze oder ein Sofa, berücksichtige immer den **„Luxus-Quotienten"**. Ein Zuhause, das gut aussieht, in dem man sich wohl fühlt und das gut richt, wird deinen Spaß daran beträchtlich steigern, und Gäste werden sich immer willkommen fühlen.

1. **Suche Materialien aus, die sich angenehm anfühlen,** wie zum Beispiel, Schafsleder, Kaschmir und weiche, berührungsfreundliche Stoffe für die Möbel, Teppiche, Kissen und Überzüge. Sie sorgen für ein gemütliches Zuhause, das zum Entspannen einlädt. Selbst kleine Akzente können sehr effektiv sein.

2. **Kerzen sorgen für Licht, Wärme und Duft** und wärmen ein kühles Zimmer, indem sie den Raum in ein schmeichelhaftes flackerndes Licht hüllen und die Stimmung heben. Größere Kerzen verbreiten mehr Duftstoffe, denn je größer die Wachsmenge, desto mehr Duftstoffe werden freigesetzt. Frische Blumen duften nicht nur gut, sie sehen auch sehr gut aus.

3. **Spiegel reflektieren das Kerzenlicht** und lassen einen kleineren Raum größer erscheinen. Vergoldete Bilderrahmen lassen den Raum eleganter und luxuriöser aussehen.

4. **Entscheide dich für eine ganzheitlich neutrale und minimalistische Palette** und verwende danach Farben und Accessoires, um Akzente im Raum zu setzen.

5. **Achte auf die Details und Formen der Gegenstände** und darauf, dass sie miteinander harmonieren. Das ist viel wichtiger, als Gegenstände aus der gleichen Zeitepoche zu haben.

6. **Spiele nicht mit verschiedenen Ebenen.** Entscheide dich entweder für niedrige oder für hohe Möbel; das Mischen und Zusammenwürfeln kann einen Raum unruhig und unausgeglichen wirken lassen.

# Mach dein Schlafzimmer zu einem Boudoir

Dein Schlafzimmer sollte **dein Zufluchtsort** vor der Welt draußen sein, ein Ort, an dem du dich entspannen kannst, ohne abgelenkt zu werden. Schließlich, wie kannst du wirklich guten Sex haben, wenn vor dir ein Berg von Rechnungen oder schmutzige Socken herumliegen, die deine Aufmerksamkeit wollen?

## RÄUME DIE UNORDNUNG WEG

Berge von Kleidern, Papieren und Spielsachen werden nur schwer zu einer entspannenden und romantischen Atmosphäre führen. **Verstaue also alles, was nichts mit Entspannung und Liebe zu tun hat,** in einem anderen Zimmer und verstecke die Wäsche, egal ob sauber oder schmutzig, in einem Schrank.

## LASS DAS LICHT SANFT UND SEXY STRAHLEN

Das Licht im Schlafzimmer sollte im Allgemeinen weich sein und eine niedrige Wattleistung haben. **Denke über die Installation eines Lichtdimmers für die Deckenleuchten nach,** da du so die Atmosphäre im Raum schnell verändern kannst. Nimm lieber eine Nachttischlampe statt eines grellen Lichtes. Selbstverständlich ist das Kerzenlicht die erotischste und schmeichelhafteste Art der Beleuchtung. Um eine glückliche und warme Beziehung zu symbolisieren, versuche zwei Kerzen nebeneinander aufzustellen. Wenn sie duften, ist es noch besser – im Schlafzimmer eignen sich anregende Düfte, wie Moschus- oder Vanilledüfte, am besten.

## EIN BESSERES BETT

Das Bett ist der Mittelpunkt deines Schlafzimmers. **Kaufe das größte, das du dir leisten kannst und das in dein Zimmer passt.** Es gibt nichts Besseres, als ein Bett zu haben auf dem man sich herumwälzen kann. Um dein Bett aufzupeppen, versuche einen romantischen Bettvorhang über dem Bett anzubringen. Oder verwandle es in ein Himmelbett, indem du ein Himmelbettgestell kaufst.

### LASS DIE KISSEN SPRECHEN

Es gibt nichts Sinnlicheres und Einladenderes als ein Bett mit Nackenpolster und flauschigen Kissen. Lass dein Bett zu einem Ort werden, den dein Partner nicht mehr verlassen will. Kaufe dafür **die weichsten Kissen und seidigsten Bettbezüge** ein. Obwohl gute Bettbezüge viel teurer sind, lohnt es sich, sie zu kaufen. Entscheide dich für weiche Stoffe wie Jersey oder Baumwollvelours.

### DÜFTE UND SINNLICHKEIT

Deine Nase ist mit dem limbischen System des Gehirns verbunden, das deine Libido steuert. Deshalb können bestimmte **Düfte verschiedene Stimmungen und Erinnerungen wachrufen** und die Liebeslust in dir wecken. Versuche einige Tropfen deiner Lieblingsdüfte in das Weichspülerfach deiner Waschmaschine hineinzutropfen, wenn du deine Bettwäsche mit heißem Wasser wäscht. Ein weiterer Trick ist, ein Sprühfläschchen mit Wasser zu füllen und einige Tropfen deines Lieblingsduftes dazuzugeben und deine Bettwäsche damit zu besprühen. Der Duft wird wochenlang drin bleiben.

### SORGE FÜR AUSGEWOGENHEIT

Laut Feng Shui **sollte jede Seite deines Bettes gleich aussehen**. Mit anderen Worten, wenn du auf einer Seite einen Nachttisch und eine Lampe hast, sollte auf seiner Seite das Gleiche stehen, auch wenn du zurzeit keinen Partner hast. Der Gedanke dahinter ist, dass du so ein Zeichen setzt, dass du für einen Partner bereit bist und im wahrsten Sinne des Wortes einen Platz für ihn hast.

# Wie man eine perfekte Dinner-Party veranstaltet

Eine großartige Dinner-Party zu schmeißen ist eines der Dinge, bei dem jede anspruchsvolle Hausfrau mit Selbstachtung sofort denkt, dass sie sie mit Stil und Souveränität veranstalten kann. Leider ist das nicht immer so einfach. **Angefangen von der Entscheidung was man kochen soll bis zur Frage, wen man einladen will, kann diese Aufgabe mit Fallen gespickt sein.**

Viele von uns enden wie Bridget Jones und nehmen irgendeine unserer Pfannen, um eine anspruchsvolle Kreation aus einem Hochglanz-Kochbuch nachzumachen, um am Ende mit einer **totalen Essenskatastrophe** dazustehen. Es ist eine der seltsamen Tatsachen im Leben, dass selbst die Vernünftigsten unter uns sich blamieren können, wenn man einige Menschen zum Abendessen einlädt.

**Es muss aber nicht so schwer sein.** Der Trick liegt darin, den Eindruck zu vermitteln, dass einige Michelin-Sterneköche hinter der Bühne am Werkeln waren, obwohl du eigentlich alles in zehn Minuten vor der Arbeit schnell zubereitet hast.

### ERKUNDIGE DICH, WER DEINE **GÄSTE** SIND

Wenn die Dinner-Party eine einfache Party mit Freunden ist, sollte das kein Problem sein. Doch wenn es eine anspruchsvollere Party mit Geschäftsleuten ist, versuche **extreme Vorlieben und Ungeliebtes herauszufinden** und ob unter den Gästen Vegetarier, Allergiker oder Leute mit spezielle Diätanforderungen sind.

### HALTE ES **EINFACH**

Befolge den Rat der Sterneköche und **koche einfache, geschmackvolle Gerichte gut**. Wenn möglich, achte darauf, dass ein Gericht eine kalte Speise ist, damit du nicht ständig auf die Uhr gucken musst. Gehe nie über deine Grenzen hinaus, indem du komplizierte Gerichte kochst, die du noch nie zuvor aufgetischt hast. Es ist besser, mit den möglichen Fallen und komplizierten Zutaten vertraut zu sein.

### VORBEREITEN, **VORBEREITEN**, VORBEREITEN

Schließlich bist du der Gastgeber und solltest so viel Zeit wie möglich mit deinen Gästen verbringen. Wenn du einen gehetzten Eindruck machst und ständig auf der Flucht bist, werden sich deine Gäste nicht wohl fühlen. **Du kannst vieles erledigen, bevor die Gäste ankommen:** Serviere kalte Vorspeisen und gekühlte Nachtische. Bereite die Saucen vorher zu. Decke den Tisch, und bevor die Gäste ankommen, lege einige Häppchen auf den Tisch.

### DAS ESSEN **SOLL SICH ERGÄNZEN**

Plane Gerichte ein, die sich ergänzen, und **vermeide eine Wiederholung der Zutaten.**

### FÜLLE DIE **TELLER** NICHT BIS ZUM RAND

Deine Gäste werden sich nicht wohl fühlen und den Eindruck haben, dass sie alles essen müssen, wenn zu viel Essen auf ihren Tellern ist. Teile vielleicht das Fleisch oder den Fisch aus und reiche separat eine Schüssel mit Gemüse dazu, damit jeder sich nehmen kann, wie viel er braucht. **Bereite aber immer mehr Sauce zu, als du zu, brauchen meinst.** Die meisten bitten um mehr.

## TAUCHE EIN

Wenn die Dinner-Party ein nicht formelles Treffen mit Freunden ist, ist ein Buffet die perfekte Alternative und sorgt für weniger Arbeit. **Bereite mehrere interessante, kalte und warme Gerichte zu.** Stelle sie auf den Tisch und lass jeden sich nehmen, was er möchte. Tapas, Fondue oder Sushi sind eine tolle Alternative für ein einfaches, intimes und praktisches Abendessen.

## WÄHLE DEN RICHTIGEN WEIN AUS

Wenn du dir nicht sicher bist, **bitte deinen lokal ansässigen Weinhändler um einen Rat**. Sage ihm, was du auftischen wirst, und frage ihn, ob er etwas empfehlen könnte, das zum Essen passt und auf deinen Geldbeutel zugeschnitten ist. Reiche immer Mineralwasser zum Essen.

## DER RAUM

Sorge dafür, dass dein Haus sauber und aufgeräumt ist und dass es gut riecht. **Kerzen, Blumen und Lichterketten werden für eine perfekte Atmosphäre sorgen.** Sei kreativ, wenn du einen kleinen Esstisch hast oder überhaupt keinen besitzt, dann nimm bequeme Bodenkissen, die für ein exotisches Flair und eine lockere Atmosphäre sorgen.

### LASS ES DIR GUT GEHEN

Ein Glas Wein entspannt dich in stressigen Situationen. Achte aber darauf, dass das eine Glas nicht zu einer Flasche wird, bis du mit dem Kochen fertig bist! **Doch entspanne dich, sobald das Essen auf dem Tisch ist.** Vergiss nicht, dass der Grund, warum du die Menschen eingeladen hast, neben der Möglichkeit, Eindruck zu machen, die Freude an der Gemeinschaft mit ihnen ist. Die besten Partys sind die, bei denen sich die Gastgeberin entspannen kann und die Party genießt, und nicht die, bei denen sie wie ein Feldwebel auf Einsatz hin und her läuft. Genieße es also und habe Spaß daran.

# Eine gute Party schmeißen

Viele der Regeln für eine Party gelten auch für gelegentliche Unterhaltungen, auch wenn sie etwas entspannter sind. Ohne Tisch ist es viel gemütlicher und informeller, wenn die Gruppe sich mischt. Hier einige **Tipps, damit sich jeder wohl fühlt,** egal ob du ein spontanes Abendessen mit Freunden, eine Party von der Ladefläche deines Autos bei einer Sportveranstaltung, eine Geburtstagsparty oder einen Grillabend im Sommer organisierst.

1 Die **Einladungen** sollten mindestens einen Monat vor der Party verschickt werden. Die u.A.w.g.'s (die Antwortkärtchen) sollten zwei Wochen vor der Party zurückkommen.

2 **Leihe Stühle und Tische aus**, wenn du nicht genügend hast. Finde heraus, wie viele Sitzgelegenheiten es im Raum gibt.

3 **Plane das Essen** so ein, damit du, wenn ein Tablett (mit Aperitifs, Gemüse oder dem Essen für den Grill) leer ist, das nächste bringen kannst. Jedes sollte die gleiche Auswahl haben.

4 **Sorge dich um Nachzügler und alleinstehenden Gäste** und bringe sie in Kontakt mit den anderen. Dein Ziel sollte sein, dass alle an Gesprächen beteiligt sind.

5 **Halte genügend alkoholfreie Getränke bereit.** Gehe nie davon aus, dass jeder Wein oder Bier trinken wird.

6 **Stelle deinem Freundeskreis die neuen Leute vor.** Was du säst, wirst du ernten.

7 **Gib deinen Nachbarn Bescheid.** Das ist sehr wichtig, wenn du beabsichtigst, eine Grill- oder Gartenparty zu machen.

8 **Entscheide dich für Finger-Food** ohne schmierige Saucen und achte darauf, dass sie sich ergänzen.

9 **Halte allezeit mehr Essen und Getränke bereit,** als du zu brauchen meinst, mehr Gläser und Tee und Kaffee für den Abend.

10 **Stelle dich darauf ein, dass kleine Missgeschicke geschehen,** damit du nicht verärgert bist, wenn sie geschehen. Das gehört alles zur Vorbereitung. Laufe nicht herum und versuche alles aufzuräumen, das ist nicht im Sinne der Party. Es lässt dich wie eine neurotische Hausfrau wirken.

11 **Musik ist wichtig,** sie sorgt für das nötige Hintergrundgeräusch am Anfang, wenn nur wenige Leute da sind. Sie kann zu Gesprächen am Anfang führen, und sie ist da, wenn jemand tanzen will.

12 **Plane den Schluss.** Suche Taxi-Unternehmen aus für diejenigen, die nicht selber nach Hause fahren wollen.

# Über den Umgang mit schwierigen Gästen

## STELLE DICH GEISTIG DARAUF EIN

Du kannst dich geistig darauf einstellen, sobald du genau weißt, wie viel Gäste du erwartest und wie lange sie bleiben werden. **Fürchte dich nicht nachzufragen.** Wenn du dir dabei komisch vorkommst, tue so, als würdest du noch ausgehen wollen oder als würdest du andere Gäste erwarten und dich dafür vorbereiten müssen. Es ist sehr stressig, nicht zu wissen, mit wie vielen Personen du rechnen kannst oder wie lange sie bleiben wollen. Es ist dein Haus, und du hast ein Recht darauf, diese Dinge im Voraus zu wissen. Das Letzte, das du willst, ist, dass Onkel Bob für zwei Wochen vorbeikommt und zwei Jahre bleibt. Es sind auch schon schlimmere Dinge geschehen.

## BITTE DIE FAMILIE UM HILFE

Waschen und Bügeln, Einkaufen und Putzen sind zeitaufwändige Aufgaben. **Bitte also deinen Partner und deine Kinder, dir zu helfen,** bevor die Gäste ankommen. So wirst du nicht gestresst und ausgebrannt sein, bevor die Gäste an der Tür klingen. Wenn du eine Haushaltshilfe hast, bitte sie, am Tag davor Überstunden zu machen oder ihre Tage so zu planen, dass alles auf die Gäste abgestimmt ist.

## PACKE NICHT ALLES MIT **PROGRAMM** ZU

Die Verantwortung für die Zeitplanung deiner Gäste zu übernehmen wird dich wahnsinnig machen. Es ist auch ihre Verantwortung, sich zu bemühen, aktiv zu bleiben, vor allem dann, wenn du arbeitest. **Lass die Gäste einige Zeit allein für Unterhaltung sorgen** und tappe nicht in die Falle, ein inoffizieller Reiseführer, Clown oder eine Dienstmagd zu werden. Innerhalb von eins bis zwei Tagen wirst du völlig erschöpft sein. Gönne dir und deinem Partner eine gute „Ich-Zeit". Geht zum Abendessen oder Mittagessen aus und habt dabei keine Schuldgefühle!

## HALTE DEINE **ROUTINE** EIN

Klar werden die Dinge etwas anders ablaufen, wenn dein Haus voller Menschen ist, aber wenn du für gewöhnlich um 22.00 Uhr ins Bett gehst, dann bleibe nicht plötzlich bis Mitternacht wach und erwarte dann nicht am nächsten Tag, trotzdem wie gewohnt zu funktionieren. **Deine Gäste sollten sich an deine Regeln anpassen.**

Das Gleiche gilt für regelmäßige Klassentreffen, Veranstaltungen oder andere gesellschaftliche Ereignissen – halte das ein. Solange du deinen Gästen im Voraus Bescheid sagst, bist du nicht unhöflich. Selbstverständlich solltest du dir Zeit für deine Gäste nehmen und ihren Aufenthalt so angenehm wie möglich gestalten, aber nicht so weit, dass es dein ganzes Leben auf den Kopf stellt oder Bitterkeit sich breit macht.

## LASS DIE GÄSTE DIR HELFEN

Es kann stressig sein, wenn nicht ermüdend, dreimal pro Tag das Essen für die Gäste zuzubereiten. **Bereite so viel wie möglich im Voraus vor, indem du kochst und das Essen einfrierst.** Fürchte dich nicht, die Gäste zu bitten, selber einige Mahlzeiten zuzubereiten, vor allem dann, wenn sie mehrere Tage bei dir bleiben. Wenn sie dir mit dem Abwasch nicht entgegenkommen, bitte sie darum! Oftmals fragen Gäste: „Gibt es etwas, wo ich helfen kann?" Statt höflicherweise „nein" zu sagen, nimm ihr Angebot an und delegiere einige Hausarbeiten.

## SCHICKE SIE EINKAUFEN

Nahrung für die doppelte Anzahl Menschen einzukaufen **kann sehr anstrengend und teuer sein.** Obwohl wir alle es lieben, Freunde und Familie zu bewirten, wenn sie länger als ein Wochenende bleiben, kann man nicht von dir erwarten, für all ihre Lebenshaltungskosten aufzukommen. Stelle eine Liste auf und bitte sie, für dich in den Supermarkt zu gehen; es besteht die Möglichkeit, dass sie anbieten, alles oder zumindest die halbe Rechung zu bezahlen.

## DENKE IMMER DARAN, WER DER HERR IM HAUS IST

Wenn deine Kinder auf dem Sofa nicht hüpfen dürfen, dann sollen das auch die Kinder deiner Gäste nicht tun. Fürchte dich nicht, regelmäßige Schlaf- oder Essenszeiten einzuhalten, vor allem, wenn deine Kinder das gewohnt sind. Wenn es einige Dinge gibt, die dir wichtig sind, ist es gut, es **am Anfang ihres Aufenthalts mitzuteilen,** damit es keine Probleme gibt. Es ist dein Haus, und die Menschen darin sollten deine Regeln beachten.

## SCHÜTZE
### DEIN HAUS

**Verstecke alle Wertsachen**, wenn deine Gäste kleine Kinder haben. Tue das im Voraus, damit du nicht die ganze Zeit ihres Aufenthaltes über DVDs und teure Schmuckgegenstände aus ihren Fängen retten musst. Räume Zerbrechliches in Reichweite weg und verschließe die Schränke mit deinem Fernsehgerät und deinem CD-Player.

## SAG EINFACH
### NEIN

Das Letzte, woran man als Gastgeber denken sollte, **ist, dass du nicht auf jeden Wink und jeden Rat deiner Gäste eingehen musst**. Wenn du Lebensmittel besorgen willst und sie in die Stadt gehen wollen, dann lass sie ihre eigenen Wege gehen. Wenn ihre Kinder stundenlang im Internet surfen oder laute Popmusik hören wollen, dann hast du ein Recht zu sagen, wann es genug ist!

# Mit Maiers Schritt halten

Hier kommt sie nun anstolziert in ihrem Prada-Kleid und den Gucci-Stöckelschuhen, ihrem braungebranntem, hübschen Ehemann und den drei netten Kindern. Wenn eine glamouröse Frau mit ihrem perfekten Lebensstil in deine Nachbarschaft zieht, kannst du dir etwas minderwertig vorkommen. Doch Vorsicht: Es gibt **nichts Destruktiveres als Eifersucht.** So kannst du die Gefühle der nachbarlichen Minderwertigkeit entschärfen:

## AKZEPTIERE, DASS JEDER SEINE GUTEN SEITEN HAT

Menschen werden mit unterschiedlichen Schwächen und Stärken geboren. Einige sind clever, einige sind schlank, einige sind hübsch, einige haben viele Freunde, und andere sind sehr kreativ veranlagt, was auch immer es sein mag. Menschen sind nicht gleich, und sie können nichts für das, womit das Leben sie beschenkt hat. Wahrscheinlich hast du auch einiges, wofür sie dich beneiden. **Mache dich deshalb nicht selbst fertig.**

## VERGLEICHE NICHT

Es wird immer Menschen geben, die finanziell besser gestellt sind, hübscher und erfolgreicher sind als du, aber das Gegenteil stimmt auch. Vergleiche machen dich nur hoffnungslos unglücklich. **Versuche, mit dem, was du hast, zufrieden zu sein, und freue dich darüber.** Wenn du unzufrieden bist, versuche herauszufinden, was dahintersteckt. Oftmals stellt sich heraus, dass es eher Minderwertigkeitsgefühle sind und dass es weniger mit dem Objekt der Eifersucht zu tun hat. Selbsthilfemaßnahmen wie zum Beispiel positives Denken und eine kognitive Verhaltenstherapie werden dir vielleicht helfen, besser über dich zu denken.

## UMGEHE DIE MATERIALISMUS-FALLE

Wenn dein Nachbar oder dein Freund eine Yacht kauft, einen exotischen Urlaub macht oder den Eindruck von Reichtum und Erfolg erweckt, **versuche, ihm das Beste zu wünschen, ohne ihn übertreffen zu wollen.** Konkurrenz ist gut, solange sie dich anspornt, selber etwas zu tun, doch wenn das Ziel ist, mehr „Dinge" einzukaufen, kann es leicht möglich sein, dass du dein persönliches Wertesystem überprüfen und herausfinden musst, was dich glücklich macht.

## TRÖSTE DICH DAMIT, DASS DU FINANZIELL NICHT SCHLECHT GESTELLT BIST

Tröste dich damit, dass **deine Ausgaben sich im Rahmen halten.** Du hast vielleicht nicht das neue Fernsehgerät oder das Cabrio, aber du wirst auch nicht zahlungsunfähig sein.

## NIEMAND IST PERFEKT

Niemand führt ein Leben, das von Anfang bis Ende einfach ist. Wir alle werden mit Problemen und turbulenten Zeiten konfrontiert. Sie hat vielleicht so viel Geld, wie man sich nur wünschen kann, aber ihr Ehemann ignoriert sie vielleicht, wenn es keiner merkt. Sie hat vielleicht eine tolle Karriere, aber vielleicht hat eines ihrer Kinder eine Lernschwäche. Du kannst es nicht wissen. **Mach dein Leben nicht zur Qual, indem du nur auf die Fassade siehst**, die sie der Welt zeigen will. Vielleicht wurde ein Kredit für das Auto aufgenommen, oder vielleicht ist ihr neuer Job bei weitem nicht so toll, wie sie ihn darstellt.

## SEI FREUNDLICH

Betrachte die ganzen Kontakte nicht als Konkurrenz. **Mache klar, dass du dieses Spiel nicht spielen wirst** – die anderen können ohne ein Gegenüber nicht konkurrieren. Du wirst Menschen antreffen, die mit ihrem Erfolg, ihren Anschaffungen, dem Erfolg ihrer Kinder usw. prahlen. Die beste Methode, wie man damit fertig wird, ist, freundlich zu lächeln, gelangweilt dreinzuschauen und euch über Dinge zu unterhalten, an denen ihr beide Interesse habt.

# Der Umzug in eine neue Nachbarschaft

Umzuziehen, besonders dann, wenn man in eine ganz neue Gegend kommt, ist **eines der stressigsten Dinge, die du je tun wirst.** Wenn man schon nur daran denkt, dass beim Hausverkauf die ganze Familie entwurzelt wird, um einen neuen Ort zu finden, an dem man sich niederlassen kann, das Packen und der Einzug können selbst bei den ruhigsten Menschen den Blutdruck gefährlich ansteigen lassen. So viele Entscheidungen, so viel Unsicherheit, so viele Veränderungen. Doch deine Einstellung dem gegenüber wird darüber entscheiden, wie reibungslos alles über die Bühne geht.

Wenn du mit dieser erschreckenden Perspektive konfrontiert wirst, versuche sie als die fantastische Chance zu betrachten, an einem neuen Ort zu wohnen. Betrachte es als ein Abenteuer. Es ist nicht einfach, mit der neuen Nachbarschaft vertraut zu werden, doch mit etwas Zeit und Kraftaufwand wird die Belohnung für die kurzfristigen Unannehmlichkeiten groß sein. Die folgenden Schritte verhelfen zu einem möglichst reibungslosen Ablauf.

### ORGANISIERE DICH

Ein geordnetes Haus zu haben sollte deine erste Priorität sein. Das Auspacken wird keine so erschreckende Aufgabe sein, wenn du alles in überschaubare Kategorien aufteilst und nicht versuchst, alles auf einmal zu tun. **Stelle eine Liste auf mit den Dingen, die erledigt werden müssen.** Sieh darin eine große Chance, ein perfekt organisiertes Haus zu haben, zumindest vorübergehend, bis sich die unumgängliche Unordnung auftürmt!

### DAS ESSEN ZUERST

Fange erst mit der Küche an, damit das Essen und das Trinken nicht zu einem Problem werden. Wenn das Essen ausbleibt, ist das ein Hauptgrund dafür, dass Menschen gereizt reagieren. Mach dir keine Gedanken über das Essen am ersten Abend – **probiere eine der neuen Gaststätten aus der Region aus.**

### SCHLAFE RUHIG

Mach die Betten so früh wie möglich. Wenn du in deinem eigenen Bett schlafen und **gut frühstücken** kannst, wirst du besser in Form sein, um die anstehenden Aufgaben anzupacken.

### HILF DEN KINDERN, SICH AN DIE NEUE UMGEBUNG ZU GEWÖHNEN

Je mehr die Kinder am Umzug beteiligt sind, desto weniger werden sie stören und desto weniger wirst du dir Sorgen machen. Es ist wichtig, die neue Umgebung vertraut erscheinen zu lassen. Packe deshalb eine Kiste mit den Lieblingsspielsachen und -gegenständen deiner Kinder ein und packe sie als Erstes wieder aus. **Beziehe deine Kinder in die Planung ihres neuen Schlafzimmers mit ein.**

### GEHE AUF ENTDECKUNGSREISE

Sobald sich die gewöhnliche Routine wieder einpendelt, können Kinder weiter auf Entdeckungstour gehen. Gib den Kindern vor dem Umzug eine Notfallrufnummer und ermutige sie, so viel wie möglich über die neue Umgebung in Erfahrung zu bringen. Wenn möglich, **mache einen gemeinsamen Schulbesuch mit deinen Kindern und lerne die Lehrer kennen.**

### KINDERBETREUER AUSFINDIG MACHEN

Einer der ersten Schritte, die du tun musst, ist, Kinderbetreuungsmöglichkeiten in der Umgebung ausfindig zu machen. **Durchforste die lokalen Zeitungen, bitte andere Eltern oder Betreuer um eine Empfehlung** und denke auch über lokale Kindergarten-, Kinderkrippen- oder Kindermädchen- und Babysitting-Agenturen nach. Wenn du nur gelegentlich Hilfe brauchst, wirst du vielleicht auf einen Babysitterkreis stoßen, wo immer jemand von den Eltern aus der Nachbarschaft abwechselnd auf die Kinder aufpasst.

## FÜNF SCHRITTE, wie der Umzug für die Kinder LEICHTER wird

1. **Richte zuerst das Zimmer der Kinder ein.** Das gibt ihnen das Gefühl der Vertrautheit sowie einen Ort, an dem sie sich entspannen, ihre Spielsachen auspacken und spielen können, während im Haus immer noch ausgepackt wird.

2. **Mache kurze Spaziergänge in der Nachbarschaft.** Das ist eine gute Gelegenheit, neue Nachbarn und potenzielle Freunde zu treffen.

3. **Zeichne mit deinen Kindern einen Plan mit der Umgebung** und zeige ihnen, wo die Schule, der Spielplatz, der Park und die Läden sind. Das hilft ihnen, sich in der Umgebung sicherer zu fühlen.

4. **Schau nach örtlichen Vereinen,** in denen deine Familie am früheren Wohnort aktiv war, wie zum Beispiel Kirchen, Sportvereine, soziale oder kulturelle Organisationen bzw. Aktivitäten.

5. **Lege den Schulweg deiner Kinder fest,** genauso auch den Weg zum Klassenzimmer, in die Bibliothek, die Cafeteria, den Spielplatz und zur Bushaltestelle.

## NEUE Freunde gewinnen

- Ermutige die Kinder, an den lokalen Aktivitäten teilzunehmen. Dies ist wahrscheinlich die beste Möglichkeit, neue Freunde kennen zu lernen. Das könnte ein Sportteam, ein Verein für besondere Interessen, die Pfadfinder, eine Spielgruppe usw. sein. Zur gleichen Zeit hilf ihnen aber auch, den Kontakt zu ihren alten Freunden zu pflegen.
- Lege Spieltage mit den Kindern deiner Arbeitskollegen oder der neuen Familien in deiner neuen Umgebung fest, damit die Kinder sich gegenseitig kennen lernen können.
- Finde Aktivitäten, an denen sich deine Kinder, die schon im Schulalter sind, beteiligen können, wie zum Beispiel Sportteams, Vereine, oder wo sie etwas Neues lernen können. Hilfreich sind Kinder, die die gleichen Interessen haben, so bilden sich leichter Freundschaften.
- Ergreife die Initiative und stelle dich deinen Nachbarn vor. Deine neuen besten Freunde oder die deiner Kinder wohnen vielleicht gerade nebenan.
- Lade deine neuen Nachbarn auf einen Drink oder eine Tasse Kaffee ein, wenn du sie beim Einkaufen oder bei einer Veranstaltung triffst. Durch das Gespräch kannst du eine Beziehung aufbauen, und sie haben die Möglichkeit herauszufinden, wer du bist.
- Wenn du dich schon eingelebt hast, lade deine direkten Nachbarn, vor allem diejenigen, die Kinder haben, zum Grillen oder Abendessen ein, damit sich die Kinder in einer entspannten Atmosphäre kennen lernen können.
- Wenn du eingeladen wirst, etwas zu tun, dann sage „ja", auch wenn du schüchtern bist und nicht weißt, wie du das Haus deiner Gastgeberin erreichen kannst oder was du anziehen sollst.

# Höllische Nachbarn
## und was man dagegen unternehmen kann

Es ist Montagnacht, es ist spät nach Mitternacht, und du weißt nicht, wie du in den nächsten Stunden zu etwas Schlaf kommen kannst. Normalerweise macht es dir nicht viel aus, aber weil du die zwei vergangenen Nächte wach warst, weil deine Nachbarn nachtsüber Party gemacht haben, **bist du fast so weit, sie umbringen zu wollen.** Dein Herz klopft, der Stress-Level durchbricht das Dach, und du hast Visionen, wie du gewaltsam Ruhe finden kannst.

Es ist ein Alptraum, solch höllische Nachbarn zu haben, und das kann jede Menge Stress auslösen. Ob es nun ein bellender Hund, ein dreckiger Vorgarten oder jemand ist, der nachts heimwerkelt, das alles kann das Leben deiner Familie stören. **Was kann man dagegen tun?**

**Lerne deine Nachbarn kennen,** sobald du oder sie einziehen. Es ist immer einfacher, Probleme zu bewältigen, wenn ihr euch vorher bereits auf neutraler oder freundlicher Basis kennen gelernt habt.

**Sprich mit deinen Nachbarn,** wenn der Lärm unerträglich wird. Es ist vielleicht schwer, aber einigen Menschen ist es nicht bewusst, dass sie Lärm machen, und sie werden gerne was dagegen tun, damit du nicht gestört wirst. Wenn du dich fürchtest, dass sie sich über deine Beschwerde ärgern könnten, bitte jemanden, zur Unterstützung mitzukommen.

**Schreibe es auf,** wenn das Problem über eine Woche anhält oder sich verschlimmert, und vermerke, wann es anfing und was der Grund war. Vermerke auch die Gespräche, die du mit deinem Nachbarn führst.

**Achte darauf, selbst kein lauter Nachbar zu sein,** bevor du dich über andere beklagst. Es ist wichtig, daran zu denken, dass du vielleicht auch laut bist. Wenn du deinen Nachbarn hören kannst, dann hört er dich wahrscheinlich auch.

**Nachbars Kinder und Hund sehen nicht, dass du deine Ruhe brauchst.** Akzeptiere, dass einige Menschen blind sind, wenn es um die Fehler ihrer Haustiere und Kinder geht. Auch wenn es nicht den Eindruck macht, sie wollen dich nicht bewusst ärgern.

**Wenn das alles nicht hilft, bitte die dafür zuständigen Behörden, vorbeizuschauen,** um den Lärm selbst zu hören, und wenn sie auch der Meinung sind, dass es zu laut ist, werden sie dem Nachbarn eine Mahnung schicken, die zu einem gerichtlichen Verfahren führen kann, wenn die Nachbarn das Problem nicht lösen werden.

**Was ist, wenn sie dir etwas antun?** Wenn du dich zu sehr davor fürchtest, dich bei deinen Nachbarn oder den Behörden zu beschweren, weil du dich vor Vergeltung an dir oder deinem Eigentum fürchtest, dann ist es vielleicht Zeit, über einen Umzug nachzudenken.

**Sei eine gute Nachbarin.** Gib den Leuten in deiner Nachbarschaft Bescheid, wenn du eine Geburtstags-Party, eine 40er-Feier oder eine Kostüm-Party für dein Kind planst. Wenn Menschen vorgewarnt sind, werden sie sich weniger beschweren. Es gibt ihnen auch das Gefühl, dass du auf ihre Bedürfnisse eingehst, und es gibt den Ton in der Nachbarschaft an.

**Sei vorsichtig.** Unterschätze nicht den Grad der Gemeinheit, zu dem sich ein solcher Nachbarschaftsstreit entwickeln kann. Nachbarn, die sich gegenseitig beschießen oder sich gegenseitig die Haustiere vergiften, sind selten, aber es gibt sie. Wenn du nicht umziehen kannst oder willst, hole einen Vermittler, bevor alles noch schlimmer wird.

# Bringe dein soziales Leben in Gang

Wenn du 20 bist, spielt sich das Leben in Bars und Nachtclubs ab, und du kannst nicht genug davon bekommen. Aber wenn du einmal über 30 bist, **verändert sich auch dein Geschmack für gesellschaftliche Aktivitäten.** Du wirst mit deiner freien Zeit anspruchsvoller umgehen. Verräucherte Bars, in denen du keinen Platz findest und fast die ganze Nacht über angerempelt wirst, ziehen dich nicht mehr an.

Zur gleichen Zeit, können deine mittleren Jahre so geschäftig sein, dass du dich nach einem weiteren hektischen Tag nur noch auf ein Sofa fallen lassen kannst. Aber lass es nicht zu, dass der Alltag dich von gesellschaftlichen Ereignissen zurückhält. Ausgehen und mit anderen abhängen, ob du Single bist oder nicht, Kinder hast oder nicht, **hält uns alle geistig fit.**

Plane, Freunde direkt nach der Arbeit zu treffen, statt erst noch einmal nach Hause zu gehen. Die Versuchung ist vor allem im Winter zu groß, zu Hause einen Winterschlaf zu machen. Es ist auch viel schwieriger, dich den Erwartungen deiner Familie zu entziehen. **Organisiere wöchentlich einen Kinderbetreuungstag,** damit du einen Ausgeh-Abend hast, auf den du dich freuen kannst. Wenn du Kinder zu Hause hast, kannst du schnell ganze Wochen und Monate im Haus verbringen, ohne abends auszugehen. Versuche, einen Tag einzuplanen, an dem du mit deinem Partner ausgehst, aber lege auch einen „Frauenabend" und einen „Männerabend" fest, an dem ihr alleine mit Freunden ausgehen könnt, während der andere sich um die Kinder kümmert.

## Wohin kann man AUSGEHEN, wenn man über 35 ist

**Setze deine Vorstellungskraft ein,** damit deine Abende interessanter werden. Statt sich immer am gleichen Ort zu verabreden, finde etwas über Veranstaltungsorte und Events heraus. Überrasche deine Freunde und deinen Partner mit etwas Neuem. Du wirst nicht nur etwas Neues tun und lernen, es ist auch für deine persönliche Entwicklung gut und regt deinen Verstand an.

### KONZENTRIERE DICH AUF DEINE PERSÖNLICHEN INTERESSEN

Versuche es mit einer neuen Gruppe, einer neuen Sportart oder einem Hobby, für das du dich interessierst, melde dich auf einen Kurs an oder mach in einem Verein mit. Es kann alles sein, angefangen vom Tennisverein oder einer Schauspielgruppe für Amateure bis hin zu einem Sprach- oder Kunstkurs. Du wirst sofort ein gemeinsames Interesse haben mit den Menschen, die du kennen lernst, und deinen Bekanntschaftskreis schnell erweitern. **Ziehe nur solche in Erwägung, die dich wirklich interessieren** und die in Gruppen stattfinden, damit du neue Leute kennen lernst. Sei vorzeitig da, damit du mit den anderen ins Gespräch kommen kannst, und gehe nicht weg, sobald der Kurs aus ist. Schlage deinen Klassenkameraden vor, mit ihnen noch auf eine Tasse Kaffee auszugehen.

## SEI EINE KULTURFANATIKERIN

Halte Ausschau nach interessanten Ausstellungen, Konzerten oder Filmpremieren, die man besuchen kann. Viele Museen oder Kunstgalerien bieten Ausstellungen am Abend in Verbindung mit einem Restaurant- oder Barbesuch davor oder danach an. **Plane einen Theaterbesuch am Abend**, damit du die Vorstellung siehst, über die du die tolle Kritik gelesen hast.

## REGE DEINEN GAUMEN AN

Suche einen Freund zum gemeinsamen Essengehen – sei es ein Freund oder der Partner – und schau dir vier oder fünf Restaurants an, in die du schon immer gehen wolltest. Einen Abend mit einem feinen Wein, gutem Essen und toller Gesellschaft ist **eine exzellente Möglichkeit, nach einem geschäftigen Tag in der Arbeit zu entspannen** – und du wirst vielleicht eine neue Leidenschaft für die Küche oder Weine entdecken.

## MACHE EINE WANDERUNG

Das Einfachste im Leben kann zur größten Freude werden. **Nichts geht über einen Spaziergang an einem schönen Tag.** Das beruhigende Rascheln der Blätter, singende Vögel und das Gefühl, wieder zurück in der Natur zu sein. Es ist auch eine gesunde Art der Bewegung, und so kommst du wenigstens raus.

## FIT WERDEN MIT FREUNDEN

Melde dich mit deinen Freunden im Fitnesszentrum an oder schließe einen Vertrag ab, damit du nicht in letzter Minute absagen kannst. **Jeder Teamsport ist auch eine gute Gelegenheit zusammenzukommen,** aber die meisten anderen anderen Aktivitäten und Sportarten fördern die Gemeinschaft genauso.

# Wenn du für die Kinder da sein musst

So sehr du deine Kinder liebst, es gibt keinen Grund, warum du die Gemeinschaft mit Erwachsenen vernachlässigen solltest, denn du bist ja 24 Stunden am Tag sieben Tage die Woche für sie da. Es gibt verschiedene Möglichkeiten, Treffen zu organisieren, die Erwachsenen wie auch Kindern gleich viel Spaß machen.

## TAGESAUSFLÜGE

Mache mit einer anderen Familie zusammen, einen Tagesausflug außerhalb der Stadt. Geht an den Strand, macht eine Wanderung durch den Wald, besucht historische Gemäuer, fahrt mit dem Fahrrad in ein Naturreservat oder irgendwohin, wo ihr noch nicht gewesen seid. **Die meisten Freunde werden sich nur zu sehr freuen, sich euch anzuschließen,** vor allem dann, wenn sie sich mit ihren Kindern in der gleichen Situation befinden. Die Kinder werden Zeit zusammen verbringen und genauso auch die Erwachsenen.

## FAMILIENTREFFEN

**Organisiere ein Familientreffen.** Deine Kinder können mit ihren Cousins Spaß haben, während du mit deinen Geschwistern, deinen Tanten und Onkeln in Erinnerungen schwelgst.

## WOCHENENDBESUCH

Wenn deine Wohnung groß genug ist, lade eine andere Familie übers Wochenende ein. Das muss kein stressiges Event sein, doch um es entspannt ablaufen zu lassen, mach dir keine Sorgen darüber, ob du jeden unterhalten kannst. Die Kinder werden ihren Weg finden, um Spaß zu haben, und die Erwachsenen werden froh sein, wenn ihre Kinder unterhalten werden. Um sie richtig zu verwöhnen, **buche ein Hotel oder mache einen Kurzurlaub zusammen mit einer anderen Familie.** Die Kinder können dann bei allen angebotenen Aktivitäten mitmachen, während die Erwachsenen Gemeinschaft haben.

## BLEIBE ZU HAUSE, ABER BLEIBE NICHT ALLEINE

Wenn du wirklich nicht ausgehen und dir keinen regelmäßigen Babysitter leisten kannst, **lade Freunde zu dir ein und verbringe einen gemeinsamen Abend mit ihnen.** Peppe den Abend auf, indem du ihn unter einem bestimmten Motto laufen lässt wie zum Beispiel ein Marokkanischer Abend, und bitte die Gäste, etwas mitzubringen, wie zum Beispiel Musik, Essen oder Getränke. Organisiere einen „Frauenabend", um eine Runde Poker zu spielen, einen Film zu sehen oder für eine Beauty-Runde, wo ihr über den neuesten Modeschrei und Schminktrend sprecht. Schicke deinen Mann zu seinen Freunden, und so wird auch er glücklich sein.

# Das gesellschaftliche Leben nach der Scheidung

Wenn eine Ehe zu Bruch gegangen ist, ist es normal, sich etwas angeschlagen und verletzt zu fühlen, und oftmals **kann der Gedanke, wieder unter Menschen zu kommen, beängstigend sein.** Du fühlst dich nicht wohl dabei, alte Freunde zu treffen, die dich an die Vergangenheit erinnern, und der Gedanke, neue Menschen kennen zu lernen, erschreckt dich.

Wenn du Kinder hast, kann es dir gut tun, mit ihnen auszugehen, damit du wieder zurück ins Leben findest. Du könntest **deinen eigenen Freundeskreis aufbauen,** indem du alle allein erziehenden Freunde und deren Kinder auf einem Event, wie zum Beispiel einem Picknick oder einem Tag im Zoo, einlädst. Wenn du keine alleinerziehenden Eltern kennst, ist eine Selbsthilfegruppe für Geschiedene ein guter Anfang. Wenn du keine Kinder hast, dann bist du jetzt Herr über deine eigene Zeit – genieße sie!

Es ist sehr wichtig auszugehen, egal ob es sich dabei um ein Treffen mit Freunden handelt, den Besuch einer Selbsthilfegruppe oder sogar ein Date. Du und dein Kind, ihr beide werdet die Früchte ernten, da ihr ruhiger und glücklicher sein werdet. Das wird dich zu einer besseren Mutter machen**. Es ist ein kleines Ziel, einmal in der Woche mit Erwachsenen auszugehen;** dabei ist es egal, ob ihr einen Film seht, zusammen trainiert oder einen Stadtbummel macht, spazieren geht oder euch zum Mittagessen verabredet. Entscheide dich regelmäßig, mit Erwachsenen Gemeinschaft zu haben. Das wird dich davor bewahren, dich isoliert und einsam zu fühlen. Es wird auch dein soziales Netzwerk erweitern, und du fühlst dich besser unterstützt und ausgeglichener.

# Schnelle Tipps für den Umgang mit Kindern

Verantwortungsvolle, einfühlsame und aufmerksame Persönlichkeiten heranzuziehen ist der Traum aller Eltern, aber der Weg bis dahin kann zum Alptraum aller Eltern werden. Befolge diese einfachen **Regeln, damit du deine Kinder im Griff halten und das bestmögliche Benehmen aus ihnen hervorbringen kannst.** Es wird vielleicht nicht lange anhalten, aber werde dir bewusst, dass es ein ständiger Prozess ist.

1. **Erwarte keine Perfektion** – weder von dir noch von den anderen. Lobe kleine Wunder und besondere Anstrengungen und verändere die Familienregeln je nach Situation.

2. **Kontrolliere dich und überreagiere nicht.** Wenn deine Kinder sehen, dass du die Kontrolle verlierst, werden sie sich wahrscheinlich auch unsicher fühlen. Sie werden dein Verhalten schnell übernehmen. Überprüfe also, wie du in bestimmten Situationen reagierst.

3. **Respektiere deine Kinder** und zwinge sie nicht, sich entgegen ihrer Persönlichkeit zu verhalten. Egal was du tust, du wirst ein extrovertiertes Kind nicht dazu bringen, sich wie ein ruhiges, schüchternes Kind zu verhalten.

4. **Sorge für die täglichen Bedürfnisse deiner Kinder.** Lass sie turnen, wenn sie aufgedreht sind, schlafen, wenn sie übermüdet oder angespannt sind, essen, wenn sie hungrig sind, und achte auf eine gute Mischung aus Ruhe und Unterhaltung. Wenn ihre körperlichen Bedürfnisse gestillt sind, werden sie sich viel eher gut benehmen.

5. **Achte nicht auf das, was andere Menschen über deine Kinder und deine Kompetenz in der Kindererziehung denken.** Jedes Kind kann sich wie ein Monster oder ein Engel benehmen. Mach dir also nicht zu viel daraus, was andere Menschen denken. Wutanfälle lassen für gewöhnlich in Sekundenschnelle nach – leider aber auch die Höflichkeit.

6. **Belohne das gute und strafe das schlechte Benehmen.** Nutze dazu Star-Charts, Symbolsysteme, Pausen und andere Erziehungsmethoden, um das zu verstärken.

## DIE KINDER ANDERER MENSCHEN

Deine Kinder bereiten dir genug Arbeit, aber **wie wird man mit ihren Freunden fertig?**

- Wenn das Kind in deinem Haus ist oder du die alleinige Verantwortung als Mutter trägst, dann gelten deine Regeln. Strenge, sanfte Mahnungen reichen oftmals aus – Kinder, die sich zu Hause schlecht benehmen, benehmen sich für gewöhnlich bei Fremden perfekt. Ein einfaches: „Sorry, wir sagen (tun) das nicht bei uns zu Hause" müsste ausreichen.
- Versuche nicht, die anderen Kinder zu erziehen. Stattdessen versuche, am Problem dranzubleiben, und finde eine Lösung, von der jeder profitieren kann.
- Kinder streiten oft und erheben ihre Stimme. Wenn das überhand nimmt, frag sie, ob du ihnen helfen kannst, das Problem zu lösen, ansonsten lass sie selber eine Lösung finden, wenn sie sich wieder beruhigen.
- Sei fair, wenn es Streitigkeiten gibt, und ergreife für keinen Partei.
- Wenn das Kind gegen die Hausregeln verstößt, erinnere ihn oder sie daran, dass das im Haus nicht erlaubt ist, aber biete immer eine Alternative an.

## ÜBERNACHTUNGS-RICHTLINIEN

Du möchtest, dass deine Kinder Spaß haben, aber du willst auch schlafen. Hier einige **Regeln für eine gute Zeit** für Kinder in jedem Alter.

- Sorge für eine Kindergruppe mit gerader Zahl – wenn es eine ungerade Zahl ist, heißt das, dass einer immer ausgeschlossen wird. Begrenze auch die Anzahl der Kinder: Selbst vier Kinder können für Krach wie acht Kinder sorgen.
- Erkläre jedem die Hausregeln.
- Erkundige dich bei allen Eltern wegen Allergien, Ess- und Schlafgewohnheiten.
- Stelle ihnen ein ganzes Zimmer für die Übernachtung zur Verfügung. Wenn das Kinderzimmer groß genug ist, eignet es sich ideal dazu. Wenn nicht, lass es ein Zimmer mit einer Türe sein.
- Bestimme, wann das Licht ausgemacht werden soll, ansonsten wird die ganze Nacht Party gefeiert. Gehe nicht davon aus, dass ein Film sie beruhigen wird. „Licht-aus" sollte heißen, dass auch alles andere, was anregend ist, ausgeschaltet ist.
- Versichere dich, dass du alle Telefonnummern der Eltern hast, damit die Kinder genau wissen, was sie mitbringen sollen und wann sie abgeholt werden.
- Halte mehr Essen, Getränke und Spiele bereit, als du zu brauchen meinst.

## RIVALITÄTEN ZWISCHEN GESCHWISTERN

Kinder können wirklich hart kämpfen. Ob sie nur leicht aneinander geraten, sich die Haare raufen oder sich zu Boden boxen, es kann nervig sein oder einem Angst einjagen. **Versuche, daran zu denken, dass Kämpfen für Kinder natürlich ist.** Sie lernen wichtige Lektionen daraus, zum Beispiel, erfolgreich zu argumentieren, die anderen und ihre Ansichten zu verstehen und ihre Impulse unter Kontrolle zu halten. Das heißt, es ist hilfreich, Konflikte zu kontrollieren. Und so wird's gemacht:

- Erkenne, warum deine Kinder streiten, und versuche den Grund herauszufinden und nicht die Symptome zu beseitigen. Sie haben vielleicht Langeweile, sind frustriert, fühlen sich nicht wohl oder haben Angst.
- Die Harmonie zwischen den Geschwistern spiegelt die Harmonie im Hause wider. Betrachte den Umgang innerhalb der Familie, und du wirst vielleicht ein Spiegelbild im Verhalten der Kinder erkennen.
- Trenne die Kinder, bis sie sich beruhigt haben. Bitte jeden, eine Lösung zum Problem zu finden, und sprecht dann darüber.
- Konzentriere dich nicht auf das, was der eine oder andere getan hat. Es sind immer zwei daran beteiligt, und wahrscheinlich sind beide schuld daran.
- Wenn die Kinder über ihren Besitz streiten, stelle einen Plan auf, damit beide gleich lang mit den Spielsachen, dem Computer, den Spielen, oder was auch immer es sein mag, spielen können.
- Verachte nicht die Gefühle der anderen. Akzeptiere ihre Wut und ermutige sie, daran zu arbeiten.
- Erlaube ihnen, selbst eine Lösung zu finden. Für gewöhnlich ist es besser, wenn man sich hier heraushält, damit sie lernen können, ihre Differenzen beizulegen.

# Spaß für die ganze Familie

Es ist am schwersten, sich Zeit für die Familie zu nehmen, da die Anforderungen in der Arbeit und die Hausarbeiten immer dringender zu sein scheinen. Dennoch, **es ist die wichtigste Zeit**, die du hast, und die Zeit, die am meisten zählt. Wenn ihr beide, du und dein Partner, arbeitet, ist es wichtig, das Beste aus der Zeit zu machen, die ihr mit euren Kindern zusammen verbringt.

Der beste Tipp, wie man die Zeiten mit der Familie sinnvoll gestaltet, ist, sorgfältig darauf zu achten und Spaß daran zu haben. Während deine Kinder heranwachsen, wirst du feststellen, dass es für alle immer schwerer sein wird und die Konflikte um die gemeinsame Zeit immer mehr zunehmen werden. Die freie Zeit kann von deiner Arbeit und ihren sozialen Verpflichtungen total eingenommen werden. Du wirst sehr schnell feststellen, dass, wenn du nicht etwas Zeit mit deiner Familie einplanst, diese Gemeinschaftszeit nicht zustande kommen wird. So könnt ihr den Spaß maximieren und mehr Zeit miteinander verbringen.

## PLANE GEMEINSCHAFTSZEITEN

Du musst Familienaktivitäten im Voraus planen und jedem Bescheid darüber geben. Halte sie in einem Planer oder Kalender fest, und jeder muss verstehen, dass es eine sehr kostbare Zeit ist und du nicht willst, dass die Pläne umgeworfen werden. Mach dir keine Sorgen, wenn du noch nicht entschieden hast, wohin ihr am Samstagnachmittag gehen werdet – **achte nur darauf, dass deine ganze Familie weiß, dass ihr etwas unternehmen werdet.**

Während deine Kinder heranwachsen, **mache ihnen im Gespräch deutlich, wie sehr du die Zeit miteinander schätzt.** Sage ihnen, dass dir die Samstagnachmittage mit der Familie sehr viel bedeuten. Sie werden es sehr schätzen, dass du mit ihnen zusammen sein willst. Weise Last-Minute-Einladungen ihrer Freunde dementsprechend ab.

## LASS DICH NICHT ABLENKEN

**Widerstehe der Versuchung zu antworten, wenn dein Handy klingelt** und wenn ihr zu Hause bleibt. Schalte den Anrufbeantworter ein. Wenn dein Job es erfordert, Anrufe entgegenzunehmen, stehe nicht für jede Kleinigkeit zur Verfügung. Ernsthafte Probleme sollten gelöst werden, aber du solltest nicht das ganze Wochenende über oder abends damit belästigt werden.

## MACH DAS BESTE DARAUS

Unterschätze niemals, wie viel du der Zeit, die du mit jedem Einzelnen deiner Kinder verbringst, abgewinnen kannst. Selbst Babys wissen und schätzen es, wenn man sich nur mit ihnen beschäftigt und Freude an ihnen hat. Wenn sie größer sind, gibt ihnen nichts mehr das Gefühl, etwas Besonderes zu sein, als die wenigen Augenblicke, in denen ihnen die Eltern ihre ungeteilte Aufmerksamkeit schenken.

## KINDERFREUNDLICHE Aktivitäten

Kinder lechzen nach Unterhaltung. Das Wichtigste, wenn man nach „perfekten Familienaktivitäten" Ausschau hält, ist, sich bewusst zu machen, dass es so etwas nicht gibt! Du wirst die Zeit mit deinen Kindern genießen und umgekehrt, wenn ihre euch **entspannt und Spaß zusammen habt.**

Hier einige Dinge, die ihr ausprobieren könnt:

### ROLLERBLADING

**Ist billig und macht Spaß.** Außerdem bieten viele Rollschuhbahnen Familienabende an. Wenn ihr das regelmäßig macht, kaufe ihnen ihr eigenes Paar Inlineskates.

### PICKNICKS

Es muss kein besonderer Anlass sein, **pack einfach eine Tasche mit Lebensmitteln ein und gehe in den nächstgelegenen Park,** lege eine Decke auf den Boden und habt Spaß. Kinder mögen es immer, draußen zu essen, wo sie gleichzeitig herumlaufen und spielen können.

### SPIELABENDE

Ich weiß, nach einem langen Arbeitstag wollen wir uns einfach nur hinsetzen, entspannen und nichts tun. Doch sobald du es dir zur Gewohnheit machst, einen Abend pro Woche einen „Spielabend" zu haben, werdet ihr euch alle danach sehnen. **Es macht Spaß, es ist lehrreich und bietet Gesprächsmöglichkeiten.** Entscheide dich für Brettspiele oder Wortspiele, die jeder mag.

### MUSEEN

Auch wenn du irgendwo in der Pampa lebst, wirst du ein Museum in deiner Nähe finden. **Finde heraus,** welches die interessantesten Sehenswürdigkeiten in deiner Umgebung sind.

### LASS SIE DIR ETWAS BEIBRINGEN

Ob es nun das neueste Videospiel oder der Text ihres Lieblingsliedes ist, es ist eine gute Möglichkeit, eine Bindung zu deinen Kindern aufzubauen und sie wissen zu lassen, dass du dich für das, was sie mögen, interessierst. **Hab keine Angst, albern auszusehen**, wenn du das, was sie mögen, ausprobierst.

### KOCHEN

Viele Kinder wollen unbedingt kochen lernen. Sie kochen zu lehren hat Vorteile: Du hast eine Hilfe bei der Zubereitung des Abendessens. Wenn du ihnen die **gesunde Liebe zum Kochen** beibringst, werden sie dich beim regelmäßigen Zubereiten des Abendessens entlasten.

# Nützliche englische Websites

**www.awomansresource.com/careerwomen.html**
Eine Seite für Karrierefrauen. Wie man sich den perfekten Job angelt und vieles mehr …

**www.bettersleep.org**
Die offizielle Website des „Better Sleep" Council – schlaf ab heute Nacht besser.

**www.mumsnet.com**
Praktische Kindererziehung – Produktbewertungen, Vorschwangerschaftsvereine Kontakte in deiner Umgebung; Sprich über alles, angefangen von Filmen bis zu Schwiegermüttern.

# Nützliche deutsche Websites

**www.davidkirsch.de**
Produkte und Informationen zum Thema Gesundheit und Fitness von Heidi Klums Personal Trainer.

**www.rivaverlag.de**
Bücher und News zu Gesundheits-, Lifestyle- und Fitnessthemen.

**www.shape.de**
**www.fitforfun.de**
**www.bunte.de**
**www.vital.de**
**www.myself.de**

**www.GLAMOUR.DE**
GLAMOUR hat man nie genug!